七條千恵美
Chiemi Shichijo

人生を決める「ありがとう」と「すみません」の使い分け

はじめに

「ありがとう」と「すみません」という言葉を、あなたはどれくらい日常的に使っていますか？　文字にするととても短い言葉ではありますが、実はこの2つの言葉は、あなたの人生を決めてしまうほど大きな役割を担っているのです。

私は、過去18年間にわたって旅客機の客室乗務員（CA）の仕事に従事してきた経歴があり、その間約100万人のお客さまと出会ってきました。

その貴重な経験の中で、「ありがとう」という言葉がどれほど人を幸せにするパワフルな言葉であるのか、また「すみません」という言葉がどれほど人間関係をスムーズにする力をもっているのかということを、身をもってたくさんの人々との出会いの中から知ることができました。

これは、私にとって仕事を通じて得ることができた大切な財産だと思っています。

また私の経験上、これらの言葉を積極的に使われるお客さまは、客室乗務員や周囲のお客さまを魅了し、自らの力で快適な空間を作ることがお上手でした。このような場面を何度も目の当たりにした私は、この2つの言葉を積極的に交わすことこそ、豊かな人生を歩むカギになると確信しています。

しかし、残念ながら現代社会においては、特に「フェイス・トゥー・フェイス」の人間関係が非常に希薄になり、軽視されつつあります。

例えば自動車で、狭い通路を「お先にどうぞ」と譲っても、会釈もせず無言のままで通り過ぎていかれてしまったことや、電車内で足を踏まれても謝罪もせずに無言のままでいる人に遭遇した経験はないでしょうか？

お礼や謝罪は決して期待するものでも強要するものでもありません。しかし、そうはいっても受け取る側によっては、そのような場面に遭遇した際、残念な気持ちになったり複雑な感情が湧いてくるという人が少なくないのも事実です。

人間は感情の生き物です。だからこそ、そういった場面での「たったひと言」があるかないかで、人の気持ちというものは大きく左右されるのです。さまざまなコミュニケーションツールの発展で便利な時代になったことと引き換えに、本来人間がもっている「温かさ」や「思いやり」を感じることが難しくなってしまったことは否めないと思います。
そんな時代だからこそ、感謝の言葉である「ありがとう」と、謝罪の言葉である「すみません」、この2つの言葉がもつ本当の意義と価値を、今こそ見直すときなのだと思います。

「たとえ時代が変わっても、人には変わらずに大切にすべきことが必ずある」

この想いが、私が本書を執筆したいと思った最大の理由です。
また、このような時代だからこそ、「ありがとう」や「すみません」を自然と上手に使える人に対しては、常識や良識、マナーやエチケットを兼ね備えた人であるという世間からの印象は、なおさら強いものになります。

つまり、「他人に対して常に真摯《しんし》に向き合い、感謝と謝罪の言葉を大切にしている人なのか」という基準で、その人の人間性や品格まで判断されるのが人間社会というものなのです。

それゆえに、この2つの言葉がその人の人生さえも決めてしまうほど重要であるということを、ぜひこの本を手に取ってくださった方にはおわかりいただきたいと思っています。

さらにこの2つの言葉は、残念なことに多くの人が、その使い方を間違えているケースが多々見受けられます。本来ならば「ありがとう」と感謝を述べる場面で「すみません」と謝罪している場合もあれば、その逆もあります。ただ闇雲に「ありがとう」と「すみません」を乱用すればいいというものでもありません。

「すみません」という言葉がさまざまな意味を含む便利さゆえに、感謝であっても謝罪であってもこのフレーズが多く使われています。

しかし、場合によっては「ありがとう」という言葉を使う方が、相手にとっても心の琴線に触れるような「嬉しい言葉」になることは、決して少なくありません。

自分の行動や相手の心情に寄り添った言葉を丁寧に使い分けることで、あなたは誠実さや謙虚さが滲み出る豊かな心の持ち主になるのです。

この本を読み進めながら、どのような場面なら「ありがとう」が相応しく、どのような場面なら「すみません」が相応しいのかということについて、ぜひ考えてみていただきたいと思います。

ご自身の日常と照らし合わせて、今までよりもさらに一歩踏み込んだ「ありがとう」と「すみません」の使い分けの基準を知ることで、よりよい人間関係の構築と、心の豊かな人生を手に入れるヒントにしていただければ幸いに思います。

言葉で明確に意思疎通をはかる能力は「地球上で人間だけに与えられた宝」です。想いを言葉で伝えることは大切なことだと多くの人が知りながら、その行動が疎《おろそ》かになってはいませんか？

目覚ましい技術の進化によって素晴らしく便利な世の中になったものの、心が置き去りになってしまうことはとても悲しいことです。

昨今、些細なトラブルから悲しい事件に発展したというニュースが多くなりました。私はそのたびに胸が痛くなります。

お互いのたったひと言の「ありがとう」や「すみません」という気持ちと言葉があれば、もしかしたら歩み寄ることができたかもしれないのに……と感じることはありませんか？

「ありがとう」と「すみません」。この2つの言葉をきちんと気持ちをこめて伝えることができ、なおかつ正しい意味で使い分けられるようになれれば、多くの人が悩みとして抱えている人間関係などが、どれだけスムーズになるものか、ぜひとも知っていただきたいと思います。

温かい「ありがとう」という言葉が、どれほど人を幸せにするでしょうか。無駄なプライドで己を守ることしかできない人が「ごめんなさい」と言えたなら、どれほど人は楽な気持ちで豊かに生きられるのでしょうか。

ここであえて付け加えるならば、言葉には使用料金はかかりません。いくら話しても無料なのです（笑）。こんなにリーズナブルですぐに幸せで豊かな気持ちになる方法があるのに、それを使わない手はありませんよね。なぜなら、私たちには「言葉で意思疎通をはかる能力」が与えられているのですから。

「ありがとう」と「すみません」という言葉は、ギスギスした人間関係を滑らかにすることができ、ひいては自分自身を幸せにするキーワードなのです。

そのことを、この本を通じてひとりでも多くの方に知っていただけたら、これほど嬉しいことはありません。

２０１６年５月

七條千恵美

目
Contents
次

Chapter 2

第2章

何気なく思える言葉がもつ「人の心を動かす力」

Chapter 3

第3章

ビジネスの評価が上がる2つの言葉の使い分け

コラム

Chapter 4

第4章

本当に大切なことは何なのか

Chapter 1

第１章

「ありがとう」と「すみません」で人生が決まる理由

「ありがとう」と「すみません」はどう使い分けるのか？

「ありがとう」は感謝、「すみません」は謝罪

日本人であれば昔から馴染みのある「ありがとう」と「すみません」という言葉は、とてもシンプルな言葉です。その意味はと問われれば、多くの方は「ありがとう」は感謝を伝える言葉で、「すみません」は「ごめんなさい」「申し訳ございません」と同様に、謝罪の言葉であると答えるでしょう。最近では、さらにそれらの言葉を深掘りした諸説もありますが、この本では、広く知られている「気持ちを伝える言葉としての役割」として見直していきたいと思います。

日本人は「誰かが決めた正解」にとらわれる傾向が強いような気がします。それゆえに、

正解を求めて情報を探し、学びます。もちろん、学びを深めれば深めるほど、新しい知識を得ることができます。ただ、それが人間関係を良好なものにするために生かされず、行動の足かせになるようでは本末転倒です。もちろん、常に向上心をもち、お客さまの満足度を追求することは必要です。しかし、私の経験を振り返ってみると、良好な関係に必要なものは、難しい知識でも言葉でもなかったのです。

ただし、これだけは欠かしてはならないと強く感じたのは、「ありがとうございます」という感謝の気持ちと言葉、そして、「申し訳ございません」という謝罪の気持ちの言葉です。もちろん、さまざまな分野における知識は広いに越したことはありません。しかし、難しい知識を得るよりも先に、まずは、感謝の言葉と謝罪の言葉をしっかりと見つめ直すことが第一歩ではないかと思います。少し大げさかもしれませんが、「ありがとう」と「すみません」という2つの言葉だけで、人間関係はほとんどうまくいくとさえ思います。

ただ、ひとつだけ気をつけなくてはならないことがあります。この「ありがとう」と「すみません」という言葉を使う「タイミング」や「使い方」が状況に見合っていないと、相手とのコミュニケーションにズレが生じることがあります。

2つの言葉はその選び方が重要

ズレといっても、見過ごせるような小さなズレであれば、即座に大きな問題になることはないでしょう。しかし、その小さなズレの積み重ねが、やがて不快感という形になってしまうこともあります。例えば、相手側からすると謝罪の言葉があってしかるべきと感じている場面において、その気持ちを汲み取ってもらうこともなく、取って付けたような「ありがとう」という言葉で片付けられてしまったらどうでしょう。自分の思いをないがしろにされたという複雑な感情が残りますね。

こんな場面を想像してみてください。上司が部下から受け取った書類に、誤字脱字があったとします。上司がそのミスに気づき、後日その部下に「誤字脱字を訂正しておいたからね」と告げました。さて、皆さんが部下であったなら、このとき上司に何と言いますか？　逆に、もしあなたが上司だったならば、部下が「ありがとうございました」とだけ言ったとしたら、どのように感じますか？　または、「すみませんでした」とだけ言ったならば、どのように感じますか？

私ならこう思います。もし、部下が「ありがとうございました」とだけ言ったなら、上司に書類を見せる前に、見直しを怠ったことに対する反省はないのかと思うでしょう。また、上司の手を煩わせたことに対する謝罪の気持ちはないのかと、残念に思うはずです。また、部下が「すみません」とだけ言った場合はどうでしょうか。反省している気持ちを伝えてきた部下に対し、一定の理解を示せるかもしれません。その意味では、この場合の第一声は「すみません」が正解と言えるでしょう。

しかし、人間とは不思議なもので、「謝罪」を期待していたにもかかわらず、実際に「謝罪された」だけでは気持ちが満たされないことが多いのです。特にこのような場合は、それが当てはまると思います。上司の行動を振り返ると、部下のミスを訂正するという作業をしたことは事実です。つまり、上司のとった行動に対して部下は、「感謝」すべきだからです。整理すると、このようなケースでは、まず、「すみませんでした」「申し訳ございませんでした」と至らなかった自分を反省し、謝罪を言葉にして伝える必要があります。その後で、上司の取ってくれた行動に対する感謝の気持ちを言葉として「ありがとうございました」とつけ加えるとよいでしょう。

例えば、飛行機の座席移動の場合

よく出張などで飛行機をご利用になるお客さまには、お好みの座席があります。また、旅行でときどき飛行機をご利用のお客さまにも、「せっかくだから、飛行機の窓から外の景色を見たいので窓側に座りたい」、または、「気兼ねなく化粧室に立てるように通路側に座りたい」などの思いがあります。

そのようなお気持ちを考えると、座席移動のお願いは安易にできるものではありません。記念すべきハネムーンに行かれる新婚カップルの席が離れてしまったり、お子様とお母様の席が離れてしまったり、安全上の理由に起因する座席移動のお願いなど、致し方ない状況に限り、慎重のうえに慎重を重ねて行うものです。

さらに、その移動をお願いしたいお客さまがすでに座席でおくつろぎになっていらっしゃる場合などは、客室乗務員としても胃が痛くなるほどお願いしにくいことでもあります。できれば避けたいことではあるものの、もちろん仕事ですから逃げる訳にはいきません。そこで考えるのは、いかにしてお客さまに気持ちよく座席を替わっていただくか？ということです。

さらには、どうすればお客さまに「座席移動に協力してよかったな」という気持ちになっていただけるか？　ということです。

実際のところ、このようなケースの場合、依頼をすればほとんどのお客さまが座席を替わってくださいます。

しかし、いくら丁重にご説明しても、すべてのお客さまが快く協力してくださるとは限りません。すでに座席にお座りになり、くつろいでいらっしゃるにもかかわらず、移動をお願いすること。本当は断りたい気持ちがあったかもしれないのに、状況を汲んでくださり無理をさせてしまったりすると、本当に申し訳ない気持ちでいっぱいになります。ですから、自然と謝罪の言葉には心が入ります。丁重なお願いのあとは、心からの謝罪です。

「最初の謝罪」＋「お詫び」または「感謝」を使い分ける

さらに謝罪とともに、ご協力いただいたお客さまに、感謝の気持ちを伝えることも忘れてはなりません。

誰かに何かをしてもらったとき、「ありがとう」と感謝の言葉を伝えることは、子供でも知っています。

しかし、そのときに「迷惑をかけてしまった」という気持ちが入るような出来事だと、感謝の気持ちよりも「申し訳ない」という気持ちが勝ってしまい、「すみません」と何度も謝ってしまうことはないでしょうか。

しかし、それとは別に存在する「感謝の気持ち」をもっと全面に出したいと私は思っていました。つまり、謝罪と感謝をしっかりと区別してとらえるということです。そのお客さまが、こちらからの一方的なお願いに対して快諾であれ、不本意であれ、とにかく受け入れてくださったことには感謝すべきだと思います。

人間は、感謝されると「誰かの役に立ててよかった」「自分の行動が誰かを救うことができた」というような小さな幸せを感じることができます。このようなケースの場合、客室乗務員は、ご協力いただいたお客さまのお席にうかがってお声をかけるように努めています。

①「本日は、急なお願いをしてしまい申し訳ございませんでした。おくつろぎのところ、ご迷惑をおかけしたことを心からお詫び申し上げます」

②「本日は、○○様のお陰でハネムーンのお二人も大変喜んでいらっしゃいました。突然のお願いにもかかわらず、お座席の移動にご協力いただきありがとうございました」

この2つの文の印象が異なっていることにお気づきでしょうか。

①は「最初の謝罪＋お詫び」、②は「最初の謝罪＋感謝」です。いずれも正しい文章ではありますが、このようなときには、②の方が心地よい言葉だと感じる人が多いはずです。

このように、状況に合わせて表現を使い分けることで、より効果的に2つの言葉を使うことができるでしょう。

心がこもっていない言葉ほど虚しいものはないという事実

「すみません」には「依頼」や「感謝」も含まれる

「すみません」という言葉は謝罪だけではなく、「依頼」や「感謝」を伝えるときにも使われます。依頼のケースの代表的なものでいえば、レストランでの「すみません、お水をください」。電車などの乗り物の場合は、「すみません！　降ります！（道をあけてください）」というような事例があるかと思います。「すみませんが、〇〇してください」に置き換えられるなら、「依頼」としての「すみません」となりますね。

では、「感謝の言葉」として使うときにはどんな場面があるでしょう。例えば、取引先の会社を訪問した際、お茶を出していただき、「すみません」と言うこともあります。また、会食中に誰かに食事を取り分けてもらったときに「すみません」と言ってお礼を伝えることもあります。しかし、これらは「感謝の言葉」とはいえ、「ありがとう」とは異なるニュアンスを感じませんか？

「すみません」を感謝の言葉として使うときには、そこに「気が済みません＝義理が立たない。申し訳が立たない」という思いが入っているときです。

有難いことだと思う一方で、恐縮してしまうという気持ちを併せもっている、そのような状態を表しているのが「感謝」の意味で使われている「すみません」だといえるでしょう。相手が自分のために時間を調整してくれたとき、手間をかけてくれたとき、気にかけてくれたことなどに使うことができます。

つまり、相手が自分のために「わざわざ何かをしてくれたとき」に使う言葉として、最適なものといえるのではないでしょうか。

このように、「感謝＋恐縮」を伝えたいときには「すみません」という言葉はとても便利です。しかし、この「便利である」ということは必ずしもいいことばかりではないような気がします。

なぜならば、よくも悪くも、便利なものというのは頭を使わずに済むからです。これは言葉だけに限ったことではありません。便利な世の中になったことで「考える」「工夫をする」「想像力を働かせる」という機会が奪われていると思います。

それにより、自分が発する言葉であるにもかかわらず、そこに、どのような気持ちがこめられているのか（こめているのか）、自分自身でも曖昧な人が増えているのではないでしょうか。「自分が相手に伝えたい気持ちは何であるのか」ということが明確でないのなら、相手にはさらに曖昧にしか伝わらないということになってしまうのです。

「すみません」と「申し訳ございません」の大きな違い

また、さまざまな意味をもつ「すみません」を頻繁に使うことに慣れてしまい、本来であれば「申し訳ございません」と謝罪するべき場面や、ビジネスメールにおいても「すみません」で済ませていることはないでしょうか。

もちろん、「すみません」には謝罪の意味もあるので、間違いだとはいいきれません。しかし、正式なお詫びが必要になる場面での「すみません」はカジュアルな印象をもたれるという側面があります。

「申し訳ございません」は堅苦しい感じがする、使い慣れない、という感想をもつ方もいるかもしれません。しかし、ここ一番のお詫びのシーンでは、なにかと便利な「すみません」よりも、お詫びの意味しかもたない「申し訳ございません」が相応しいと思います。

これは、感謝の気持ちを伝えたいときも同じです。「ありがとう」には感謝の意味はあれども、「義理が立たない、申し訳が立たない」という意味はありません。曇りのない心で感謝を伝えたいときは、ぜひ、「すみません」ではなく「ありがとう」と相手に伝えてほしいと思います。

相手が自分のためにわざわざ何かをしてくれたとき、その事実を、素直に有難いことだと受け止めるか、「私ごときに」と謙虚な気持ちで受け止めるかは人それぞれです。どちらがよい悪いということではありません。

謙虚な気持ちの度が過ぎて、必要以上に自分を卑下することは避けたいですが、「謙虚」というのは日本人が本来もっているおくゆかしい心のひとつであると思います。遠慮ではなく、配慮ができることという意味ですね。

他人との和を尊ぶことと同様に、日本人として大切にしたい誇りです。便利な言葉であるから、とりあえず「すみません」と言っておけば間違いないだろうということではなく、そこに、美しい謙虚な気持ちがある「すみません」には、その想いが相手にも伝わるものです。

つまり、「ありがとう」という言葉を使うにせよ、「すみません」という言葉を使うにせよ、最も大切なことは、心がそこにあるのかどうかということです。さらに掘り下げて言うなら、言葉を発する本人が「自分が今、どのような感情を味わっているのか」をまずは自分自身がしっかりと把握しておく必要があるということです。

「ありがとう」という言葉にはその言葉のもつよさがあり、「すみません」という言葉にもその言葉のもつよさがあります。

あなたの気持ちと、その気持ちを伝えたい相手との関係性や状況を、五感を働かせて感じ取ってみてください。そして、最もふさわしい言葉を選ぶ習慣を身につけてください。そうすれば、もっとこの2つの言葉が生きてきます。つまり、気持ちのこもった「生きた言葉」は質のよいコミュニケーションを生み出し、これまで以上に豊かな人間関係を築くうえで、大きな役割を果たしてくれることでしょう。

言葉が人を創り
その言葉が人の心を動かす

できている人は努力を怠らない

この本では、私の経験に基づいた「ありがとう」と「すみません」の使い分けを書いています。約100万人のお客さまとの出会いで得た経験からの話です。

こと、「ありがとう」と「すみません」という2つの言葉に関しては、信憑性が高いと自負しておりますが、この本では、これだけは大前提としてお伝えしておかなければならないと思います。

「ありがとう」と「すみません」をうまく使い分けることのできる人が必ずやっていることと、それは、状況と相手の心の機微を汲み取るための努力を怠らないということです。

この本の中では、機内のエピソードを例に出したり、日常に溢れる事例を使って「ありがとう」と「すみません」についてお伝えしています。しかし、あなたのこれからの人生において、これらと同じ事例が起きたとしても、自動的にこの本の答えが当てはまるとは限りません。なぜならば、そこにいる「人」が違うからです。

もちろん、似たようなケースの場合には、この本でお伝えしたことを参考にしていただきたいと思いますが、それはあくまでも参考です。いくら状況が似ていても、もっともふさわしいのはどの言葉なのかという「正解」は、その場所にしかないからです。

P48からの項目では、人間には6つの欲求があるという話をしています。この6つの欲求とはすべての人がもっているものではあるものの、その人その人によって「自己重要感」が強いのか、「貢献」の欲求が強いのか、はたまた「愛、繋がりの欲求」が強いのかは人によって異なります。

また、たとえ同じ人であったとしても、置かれた状況によってその欲求は変化するかもしれません。

私の経験上、貢献欲求の強い人は「ありがとう」と言われることを好み、自己重要感の強い人は「すみません」や「申し訳ございません」と言われることを好む傾向があるように思います。まずは、自分の心にある感情を把握することがファーストステップになりますが、言葉として発するときには、「ありがとう」と「すみません」のどちらを相手が好むのかによって「使い分ける」という視点も、ぜひもっていて欲しいと思います。

また、状況によっての使い分けとしての参考に、私の日常の出来事をご紹介しますと、例えば、荷物の配達の受け取りです。通常通りに受け取りができたときには、「ありがとうございました」という声をかけます。

しかし、同じ「荷物の受け取り」であったとしても再配達をしてもらったときの第一声は、「すみませんでした」です。この「すみませんでした」には、「二度手間になってしまい申し訳ない」という気持ちが入っています。

たとえこちら側に非のない場合の再配達であったとしても、二度手間には違いありません。「ありがとうございました」ではなく、「すみませんでした」と言うことで、「ただでさえ大変なお仕事なのに、さらに仕事を増やしてしまってごめんなさいね」という気持ちを伝えることができます。つまり、「すみませんでした」を選ぶことで、「申し訳ない」という気持ちと同時に、相手への「心遣い」を伝えることができるのです。

私が考える「幸せの定義」とは……

ときどき、海外の文化を引き合いに出し、謝ることがかえってトラブルになるというお話も耳にします。確かに「詫《わ》びる」という行為は自分の非を認めることなので、訴訟に至るようなケースでは不利になることがあるかもしれません。しかし、ここは日本です。安易に海外の文化を引き合いに出して語ることに、私は違和感を覚えます。

世界の国々にはその国ごとに素晴らしい文化があり、日本には日本のよさがあるはずです。相手への敬意、思いやり、和の心。これらを表す言葉の代表的なものが、日本語で言うところの「ありがとう」や「すみません」ではないのかと、とても強く思うのです。

時代はますます便利になり、技術の進歩には目を見張るばかりです。最近ではロボットの活躍も目覚ましいですね。しかし、どんな時代になろうとも、相手への敬意を忘れない人や思いやりのある人は、幸せな人生を送るものだと思います。

もちろん、「幸せの定義」は人それぞれですが、私が考える幸せの定義とは、「どんな人に囲まれている人生であるか」ということです。自分が不幸だと感じるときは、周囲にどんな人がいるかを見ればいいと聞いたことがあります。逆に、自分が幸せだと感じるときも、周囲にどんな人がいるのかを見ればいいわけです。

やはり、人は一緒にいて心地よく感じる人のそばにいたいものです。状況に相応しい言葉が使える人、相手の感情を汲み取ったひと言が伝えられる人の周りには、その人のそばにいたい、その人を応援したいと思う人が集まってくるものです。つまり、自分の日頃の振る舞いそのものが、自分の人間関係自体を作っているといえるのではないでしょうか。

相手に敬意を払う人はその恩恵を受け、相手の幸せを願う人もまたその恩恵を受けるものです。その「敬意」や「想い」を相手に届ける際に、大いに役立てていただきたいものが「言葉」なのです。そして、せっかく伝えるならば、あなたのその「気持ち」が相手に正しく届いて欲しいと願っています。

完璧な人などこの世にいません。わたしも失敗だらけ、多くの人に助けていただいて何とか生きています（笑）。これまでたくさんの人に何度も「ありがとう」と「すみません」を伝えてきました。きっとこれからもたくさんの「ありがとう」と「すみません」を使うことになると思います。言葉を伝える相手は「人」である。だからこそ自分は、状況と相手の心の機微を汲み取って使う言葉を選べる人でありたいと思います。人生を決める「ありがとう」と「すみません」とは、心のこもったこの2つの言葉を、きちんと使い分け、それを正しく相手に届けられるかどうかだと思います。

心を取り戻す時代がきた「3つの力」を意識しよう

「外見力」「察知力」「会話力」

私は、人間関係を良好にし、自分自身も周囲も幸せになる秘訣は、いつの時代も変わらないと思っています。私が接客アドバイザーとして記事を書いたり、各地で講演をしたり、社員研修を行う際にお伝えしていることは、まさにその「時代が変わっても、変わらずに大切にしたいこと」なのです。

これらは、接客という場面においても、職場でのコミュニケーションにおいても同じです。そして、わたしはこのことを、「3つの力」に例えてお伝えしています。その3つの力とは、「外見力」「察知力」「会話力」です。

簡単に説明すると、「外見力」とは、身だしなみや立ち居振る舞い、表情をはじめとする、いわゆる視覚から入る情報すべてを指します。

そして、「察知力」とは、五感を研ぎ澄ませて、状況や相手を観察し、目には見えないものに気づく力のことをいいます。

最後は、「会話力」です。ここでいう「会話力」とは「想いを表現する力・伝える力」というとらえ方をしていただければと思います。

私は常々、想いや気づきは、伝えてこそ価値があると思っています。なぜならば、どれほど相手のことを想っていても、その心は見えません。たとえ、相手の心の機微に気づいたとしても、それを「言葉」や「行動」という形で伝えなければ、その想いも気づきもなかったことに等しくなってしまうからです。

自分と全く同じ人間はいません。たとえ、親子や夫婦、友達であったとしても、すべてを理解し合うことは難しいでしょう。

ましてや、相手が仕事上での知り合いやお客さまであればなおさらです。

ですから、心にある感情を、「言葉にして伝えるという行動」を疎かにして欲しくはないのです。「伝える」という行動によって、それらの言葉は、はじめて意味をもつものだからです。

自分以外の人間との信頼関係を築くとき、まずは「言葉にして伝えるという行動」が第一歩となります。しかし、当然のことながら、そこに心が伴っていなければ、かえって失礼な印象になりかねません。

例えば、コンビニエンスストアやスーパーマーケットに入店した際に「いらっしゃいませー」と言われることは多いです。ですが、その声かけに対して好感をもつことは、ほぼありません。中には、常連顧客の顔を覚えていて、気持ちのよい挨拶で迎えてくれるスタッフもいるかもしれませんが、多くのスタッフは「マニュアルだからやっている」という印象を受けます。

それは会計の場面を見れば、とてもよくわかると思います。お釣りとレシートを渡しながら「ありがとうございましたー」というスタッフの視線は、そのときすでに次のお客さまに移っていることが多いからです。つまり、「形だけのありがとう」なのです。

身近なわかりやすい例として、コンビニエンスストアやスーパーマーケットを出してしまいましたが、最近では、高級と位置づけされるホテルでも、残念なことにこのようなことは少なくありません。

心が伴わない言葉は伝わらない

お詫びの言葉である、「すみません」「申し訳ございません」も同じことがいえます。例えば、何かのトラブルや不愉快な出来事があり、担当者にその事実を伝えたときに「口先だけで謝っているな」と感じたことはありませんか？

客室乗務員の訓練生を指導していたときにも同じようなことを感じたことがありました。ご立腹であるお客さまに対し、闇雲にお詫びの言葉を並び立てても、お客さまの気持ちは収まらないのです。

なぜならば、一見すると申し訳なさそうな表情でお詫びの言葉を伝えてはいるものの、「この苦しい状況から一刻も早く逃れたい」という本心が見え隠れしているからです。口では「すみません」「申し訳ございません」と言いつつも、心は相手ではなく、自分に向かっているということです。

そのような考えは、相手には伝わってしまうものです。「早く許してください。何度でも謝りますから……」という自己保身が前提にあるお詫びの言葉は、相手は快く受け取ってはくれません。つまり、言葉を伝えるときは、しっかりと目の前にいる人と向き合う必要があるということです。闇雲に並びたてた言葉の数ではないのです。

このように、心が伴わない状態で「ありがとう」「すみません」を乱用することは、その言葉のもつ意味や素晴らしさを台なしにしてしまいます。大切なことは、言葉に心からの想いをのせて伝えるという行動なのです。

「言わされている言葉」は相手に伝わってしまう

以前、担当した企業の研修でこのようなことがありました。

その企業の社員の皆さんは、大声で社訓を唱え、「ありがとうございます！」と叫びながら、教科書通りのお辞儀をすることが得意でした。それらは、よく訓練されたものであり、非常に完成度の高いものでした。しかし、私の目には、それらが一種のパフォーマンスにしか見えなかったのです。

それを見て「素晴らしい！　感動した！」という方がいたのも事実ですので、すべてを否定することは致しません。しかし、私のその違和感は間違っていなかったと、後にはっきりと認識できる場面がありました。


私が研修を担当した日の朝のことです。

私は、研修室で準備をしながら、社員の皆さんが集まってくるのを待っていました。そして、部屋に入ってきた社員の方、おひとりずつに「おはようございます」「よろしくお願いします」と声をかけました。

ところが、皆さんの返してくださった言葉は、揃いもそろって、「失礼します！　ありがとうございます！」だったのです。私の発した「おはようございます」も「よろしくお願いします」も受け止めていただくことはできませんでした。

違和感を抱きつつも、この会社の入室時のルールなのかもしれないと思い、研修を進めようとしました。「では皆さん、今日は一日よろしくお願いしますね」と教壇から挨拶をすると、今度は、突然、社訓の唱和がはじまったのです。

そこにも「ありがとうございます！」という文言がちりばめられてはいましたが、当然のことながら、私の心に響くものは何もありませんでした。むしろ、疎外感でいっぱいでした。

研修を進める中で、社員の皆さんとの距離も縮まり、実は、皆さんのあのような言動にとても違和感をもったということを打ち明けました。そのときの、皆さんのハッとした顔を今でも覚えています。おそらく、元々の予定では、彼らは研修の締めの挨拶も「社訓の唱和」を予定していたと思います。

しかし、研修の最後には、自らの言葉で、「七條先生、今日はありがとうございました」と言って深々と一礼されました。その「ありがとうございました」は、私の心を揺さぶるものでした。

この事例からもおわかりいただけるように、「言わされている言葉」は、そのまま相手に伝わってしまうものなのです。「ありがとう」の言葉も「すみません」の言葉も、自らの意思で発しているかどうかということが、最も重要なことなのです。

まずは「伝えるという行動」が第一歩。しかし、それは「心があるかどうか」ということが大前提となるのです。

言葉は発するだけでなく、そこに真摯な心がこめられていなければ相手にも伝わらないどころか、不快な気持ちにさせてしまう場合もあるということを、ぜひ覚えておいてください。

そもそも人間には根源的に「6つの欲求」がある

誰にでもあてはまる「6つの欲求」

私は客室乗務員を辞めたあと、起業家としてのあらゆる学びの中で、「人間の6つの欲求」について知ることとなりました。詳しくは、イギリスの起業家、ピーター・セージの書いた「自分を超える法」に書かれているのですが、ひと言で言うと、人間の行動は、たいていが以下の「6つの欲求」にあてはまるというものです。これらの中には「ありがとう」と「すみません」という2つの言葉に深く関係するものがあります。この2つの言葉を使い分けることで、より効果的に相手の欲求を満たすことができるのです。

1．安定したいという欲求

2. 変化したいという欲求
3. 価値ある存在でありたい、自分は特別でありたいという欲求
4. 愛されたい、誰かと繋がりたいという欲求
5. 成長したいという欲求
6. 貢献したいという欲求

確かに、自分の行動や、人の行動を分析してみると、6つのどれかにあてはまるものばかりです。もっと早くこの「6つの欲求」について勉強しておけばよかった……、と感じるほど、私には興味深い内容でした。

しかし、はじめてこの「6つの欲求」を知ったとき、私は、自分自身がお客さまのもつ「いくつかの欲求」を把握しながら対応していたことに気づきました。それは、長年の乗務経験の中で、知らず知らずのうちに身についたものですが、特に意識していたのはこの2つです。お客さまのもつ、「価値ある存在でいたい、特別でありたいという欲求（自己重要感）」と「貢献したいという欲求」です。

当然のことながら、人は「大切にされたい」と思っています。お金を払っているお客さまならば、なおさら「大切にされる権利がある、特別でありたい」と思うことは自然なことです。それは、決してワガママではないのです。「お客さま」という立場が、さらにその自己重要感に拍車をかけているだけなのです。

私が客室乗務員だった頃、私自身の至らなさでお客さまにご迷惑をかけてしまったことや、物理的にお客さまのご要望に応えることができない状況がありました。

もちろん、このような場合には、ご不快な思いをさせてしまったことに対して心からの謝罪が必要です。しかし、接客の世界には、こちらに非がない場合においても、お客さまとの関係性をスムーズにするために、あえて謝罪をすることを選ぶ場合があります。

例えばこのような場面です。あるとき、お客さまの搭乗中、年配男性からいきなり大声で怒鳴られてしまったのです。「もう誰か座っているじゃないかっ！」と……。その男性のもつチケットに印字された座席番号を見ると、すでに別のお客さまがお座りでした。一瞬、ダブルブッキング（ひとつの座席に2名のお客さまの予約を入れてしまった状態）ではないかとヒヤリとしました。

しかし、そのチケットをよく見ると日付は数日前のものであり、便名も違っていました。きっと、行きでご利用いただいたフライトのチケットが、上着のポケットに入っており、間違えて古いチケットをご覧になっていたのでしょう。

私は、「恐れ入りますが、もう一枚チケットをおもちではないでしょうか？」とうかがいました。するとようやく、その男性は自らの勘違いに気がついたようでした。そして私は、「印字が小さくて便名が見にくかったですよね。申し訳ございませんでした」とお詫びしました。このときに、お客さまの間違いを指摘していたならば、この男性の間違えてしまって恥ずかしい気持ちをさらに上塗りすることになってしまいます。

客室乗務員がお詫びをすることで、機内の環境が良好に保たれ、お客さまに快適にお過ごしいただくこと、これが客室乗務員の望みでもあるのです。

日常生活においても、相手を責めても何も解決しないことは多いです。

そんなときは、先に自分の中にある反省点を見つけて「ゴメンね」と伝えてみてください。小さなことでいいのです。それが、相手の「価値ある存在でありたい。大切にされたい」という自己重要感を満たすことに繋がります。「自分を理解し、大切にしてくれる人だ」ということが伝わると、相手も心を開きやすくなるものです。「ごめんなさい、すみません、申し訳ございません」という謝罪の言葉は、「良好な人間関係の構築」という意味でも大きな役割を果たします。

人の厚意はムダにしない

さて次は、「貢献したい」という欲求についてです。ありがたいことに、お客さまの中には「貢献したい、協力したい」と思ってくださる優しい方も少なくはないのです。さらに付け加えるとするならば、お客さま自身が「貢献したい」というお気持ちに気がついていない場合でも、そのような気持ちを感じ、満足に繋げていただくこともできるのです。

あなたが「誰かの役に立てた！」という喜びを感じるのは、どのようなときですか？

それは、自分の行動が誰かに感謝され、「ありがとう」と言われたときに、もっともわかりやすく感じることができるのではないでしょうか。

接客の世界において、主役はお客さまです。お客さまの手を煩わせるなんて、とんでもない！　というような謙虚な気持ちも必要なことではあります。しかし、私は、お客さまからの厚意は素直に受け取るべきだと考えます。

例えば、重い荷物を上の棚に載せようとしているときに、「手伝いましょうか？」と優しい言葉をかけてくださったお客さまがいたとします。そんなときには、「ありがとうございます、助かります」と言って感謝の気持ちを伝えることをおすすめします。

頼りにされたお客さまもきっと「助けてあげられてよかった」「喜んでくれてよかった」と思ってくださるはずです。そうはいいながらも、実は、私も過去には「大丈夫です！」と言って、ひとりでやってのけることがプロだと思っていた頃がありました。今思えば、せっかくの厚意をムダにしてしまったかもしれないと申し訳ない気持ちです。「貢献したい、役に立ちたい、喜んでもらいたい」。そのような気持ちが満たされたとき、人は幸せを感じるものですし、また素直に厚意を受け取る人の方が、可愛げがあると思うのです。

また、先ほどご紹介した、チケットを間違えてしまったお客さまとの会話には実は続きがあります。

お客さまとの関係性をスムーズにするために、こちらの反省点を見つけて先に謝罪するとお伝えしましたね。そうすることで、お客さまの気持ちを大切にしていることや敬意を表すことができます。さらに、このお客さまのもつ「貢献したい気持ち」についても考えたいと思います。さて、どうすればよいのでしょうか？


このお客さまはご立腹ではありましたが、私たちが「ありがとう」を伝えることで「貢献できた」と感じていただくことができるはずです。

いきなり大声で私を怒鳴ったお客さまでしたが、私にはこのお客さまに感謝できることがありました。それは、お客さまが手にしていたチケットです。数日前のフライトのチケット。

それはつまり、行きも帰りも、私どもの飛行機をご利用いただいたということです。他にも航空会社がある中でこの飛行機をお選びいただいたということは、それだけでありがたいことなのです。

「すみません、ごめんなさい、申し訳ございません」という言葉がどの欲求を満たすのか。また、「ありがとう」という言葉がどの欲求を満たすのかということ、これらは、接客を仕事にしている人にはもちろん、人と関わっていくすべての人に知っておいていただきたいと思います。

私は決して、これをテクニックとしておすすめしたい訳ではありません。人がもつ欲求や感情を知ることで、さらに相手の心に寄り添った対応を磨くヒントにしていただきたいと思っています。そうすれば、あらゆる場面で信頼関係はグッと深まります。

COLUMN

困った状況でも周囲が味方してくれる「ありがとう」と「すみません」

立場が変われば意見も変わる

特に最近では、小さな子供を連れて公共交通機関を利用することについて、さまざまな意見があります。

機内で出会ったビジネスマンのお客さまは、フライト中も仕事をなさっていたり、ご出張のお疲れのせいか、席にお座りになるとすぐに眠ってしまう方もいらっしゃいました。

皆それぞれに事情は異なりますが、移動中は静かに過ごしたいと願うお気持ちは自然なことだと思います。

また、私はプライベートでは二人の子をもつ母親です。乳幼児を連れての移動がどれほど大変かということも経験して参りました。周囲にご迷惑をかけませんように。いい子で過ごしてくれますように……。祈るような気持ちだったことを覚えています。

これからお伝えする話は、よく議論にもなるベビーカー論争にも繋がることかと思いますが、要するにすべては「配慮」の問題だと思うのです。

先ほど、私は両者の立場からの意見を述べました。公共交通機関で静かに過ごしたい利用者の気持ちと、小さな子供を連れて移動を余儀なくされる母親の気持ちです。

つまり、立場が変われば意見も変わります。そして、その立場になったことのない人に理解を求めるのは難しいということです。公共交通機関でのベビーカー使用について賛否両論あることは致し方のないことだと思います。

では、どうすればいいのか？

客室乗務員として乗務しているときには、たくさんの可愛い子供たちと出会いました。慣れない環境に神経質になっている子、飛行機が嬉しくて興奮気味な子、まだまだ自分の判断では状況に合わせた行動など難しいです。

他のお客さまがいる中で、どうすればその子たちが飛行機を嫌いにならず、他のお客さまからの反感を買うこともなく上手に過ごしてもらえるかを考えるのは、客室乗務員としての腕の見せどころでもあります。

しかし、いかにして客室乗務員が工夫しようとも、その比にならないほど周囲のお客さまを圧倒的に味方にしてしまうものがありました。

それは、そのお子さまを連れた保護者の方の「すみません」と「ありがとうございます」でした。

多くの方は、皆心のどこかでは、「泣いている赤ちゃんには罪はない」「子供だから少しくらい賑やかでも仕方がない」と思っています。しかし、そうはいってもそれぞれの立場で行き場のない感情があるものです。その気持ちを「汲み取ってもらえない」ということや「自分の存在がないがしろにされているように感じる」ということが最も大きなストレスであり、結果、ネット上に溢れる意見の衝突に繋がるのだと思うのです。

例えば、機内でもお母さまの努力の甲斐なく泣き続ける赤ちゃんもいます。客室乗務員もなすすべがありません。

しかし、それでも周囲のお客さまが「赤ちゃんは泣くのが仕事よね」「うちにも孫がいるから気にならないわ」「泣きたいのはお母さんの方よね」と優しい声をかけてくださることがあります。

このような周囲の温かい理解を得ることのできる保護者の方は、「すみません」と「ありがとうございます」を欠かさない人なのです。

周りを味方にすることのできる保護者の方は、お子さまが賑やかになる前に先手必勝で周囲の方へご挨拶をしている人が多いのです。

理解のない人の中には、静かなお子さまであるにもかかわらず、隣に子供連れがきたというだけで、あからさまにため息をつく人もいます。しかし、このような保護者の方の周囲への配慮は、「子供が嫌い」という人には伝わらなくても他の多くの人が見ています。そして、「何かあったときには、力になってあげたい」という優しい空気感を醸し出してくださるお客さまも増えてくるものです。

このように書くと、子連れは常に周囲の顔色をうかがっていなければならないのかと感じる人もいるかもしれません。さまざまな意見があるかと思いますが、私は自分と子供を守るためにもそうすることを選択してきました。

幼い子供を連れての移動は大変です。他人様の手を借りることで自分自身にも余裕が出てきます。「子供が小さいのだから騒いだって仕方がない」というような振る舞いは、周囲の温かい手を遠ざけてしまいます。

まずは保護者として周囲への配慮が必要ではないでしょうか。赤ちゃんは泣くものである、子供は落ち着きがない、それは仕方のないことです。

しかし、周囲の方にご迷惑をかけてしまったら「すみません」。助けていただいたら「ありがとうございます」。そのような「たったひと言」があるかないかで、周りにいる人の気持ちも違ってくると思うのです。

「配慮」と「歩み寄り」が大切

「ご迷惑をかけてすみません」「ありがとうございます」。このような言葉は、周囲にいる人たちの心に変化をもたらします。

「静かに過ごしたかったけれど、保護者の人も必死なんだな」「ゆっくり眠れなかったけれど、一生懸命周りに気遣いしていたな」という歩み寄りの気持ちが芽生えるのです。これは、私が飛行機でたくさんの子供たち、保護者の方、周囲のお客さまを見ていて確信していることです。

このときに大切なことは「先手必勝」です。イライラが募る時間が長ければ長いほど、お互いに辛くなってしまいます。先手必勝の挨拶や声がけは、小さなお子さまを連れて移動をするときのテクニックとしても、知っておいていただきたいことです。

すべてにいえることですが、公共交通機関での振る舞いは「配慮」と「歩み寄り」がないと不愉快な出来事だらけになってしまいます。双方が一歩ずつ歩み寄れば二歩近づいたことになります。

小さな子供を連れて周囲に迷惑をかけてしまう立場であれば、「すみません」や「ありがとうございます」という言葉での配慮を。

また、自分がすでに大人になり、子供は落ち着きがないから好きじゃないと思う人は「自分にも赤ちゃんだった頃がある。誰かに迷惑をかけたこともあったに違いない」ということを思い出してほしいと思います。

そして今、楽々と移動ができる余裕があるならば、手を差し伸べる優しさをもっていただきたいと思うのです。

何らかのアクシデントを与えてしまう方も受けてしまう方も、両者に言い分があります。それでも共有する場所が公共の場所なのです。それぞれの一歩ずつの「配慮」や「歩み寄り」が優しい社会を作っていくことに繋がる。私はそのように思います。

まずは大人からその背中を見せ、私たちが受け継いできた、日本人としての美しい心を次の世代にも残していきたいものですね。それぞれに価値観が違うからこそ、公共の場では家庭内以上にこれらが大切なのだと思います。「配慮」と「歩み寄り」をひとりでも多くの方にもっていただければと、私は切に願っております。

Chapter 2

第２章

何気なく思える言葉がもつ「人の心を動かす力」

言葉と気持ちというものは「見返り」を求めるものではない

人の悩みの多くは「人間関係」

人との出会いは、心が温まるような繋がりができたり、元気になったり、勇気をもらったりというように、人生を豊かにするご縁に恵まれることが多いものです。しかし、その一方で互いの価値観を理解し合えず、摩擦が起きたり、すれ違ったりすることも、誰しも経験があることだと思います。実際に、人が抱える悩みの中で人間関係に起因するものは、大きな割合を占めているといえます。

血の通った親子でさえ、うまくコミュニケーションが取れなくなってしまうことは、私も身に覚えがあります。そのような残念な出来事は、たとえ親子であったとしても、「それぞれ別の人格をもっている」ということを忘れてしまうときに起きています。個々の価値観が違うのに、「自分の考えは正しい。相手の考えは間違っている」というような価値観の押し付け合いがはじまると、事態は悪化の一途……。

しかし、冷静になってそのトラブルを振り返ると、そこには「自分の思いを理解して欲しい。受け止めて欲しい」という感情があったことに気づきます。「相手が自分を理解してくれない」という気持ちが、怒りや悲しみを引き起こしているのです。しかし、それは「相手をコントロールしたかった」という身勝手な思いであったと、反省することも少なくない私です。

自分の思いを理解して欲しいからと、感情的に相手に意見をぶつけても、根本的な問題解決にはなりません。北風と太陽の話ではありませんが、自分を理解して欲しいと思うならば、まずは自らが相手を理解するように努めることが必要です。

では、相手を理解するように努めるとは、具体的にどうすればよいのでしょうか？

先ほども述べたように、いくら血の繋がった親子であったとしても、同じ人間ではありません。心の中をのぞき見ることや、脳で考えていることを目で見ることは不可能です。しかし、相手の想いを受け止めることはできると思うのです。それが、自分と違う考えであったとしても、きちんと耳を傾けることや心を寄せることで距離を縮めることはできます。

そうすれば、相手の心の中に「この人は自分を否定しない」という感情が湧いてきます。否定されないことがわかれば、相手は安心して心を開いてくれるようになります。

そして、さらに信頼関係を深めるためにひと役買ってくれるのが、「ごめんね」と「ありがとう」という2つの言葉です。

言葉は見返りを求めるものではない

教官時代の訓練生への指導や、現在行っている研修や講演でも、「気づいたならば、言葉にしてください」とお伝えしています。心の中に想いや気づきがあったとしても、耳から聞こえる言葉や、手紙などの目で見える言葉という形で伝えなければ、相手にはこちらの想いは正確に伝わらないでしょう。

なぜならば、あなたが、相手の心の内を想像することはできたとしても、完全に見ることはできないのと同じです。相手から、あなたの心の中は見えないからです。かなり見透かされていたとしても、それは相手のフィルターがかかっているものですよね。本当の気持ちは、本人にしかわからない。

だからこそ、本当に伝えたい想いならば、言葉にする必要がある。私はそう思っています。

しかしながら、「ごめんなさい」と素直に言うことは、一部の人には難しいことのようです。素直な気持ちを邪魔するものはいくつかあると想像しますが、その大きなものは意地やプライドではないでしょうか。プライドは人間には必要なものだと思います。

しかし、私は、プライドには二種類あると思うのです。ひとつは、「よいものを生み出すプライド」、もうひとつは「何も生み出さないプライド」。いや、むしろ「大切なものを失うプライド」と言っても過言ではないかもしれません。

自分の非を素直に認めて「ごめんね」と言うことは、とても高いハードルだと感じる人もいるかもしれません。これまで生きてきて身についた習慣や考えを、すぐに改善することは簡単ではないでしょう。

しかし、あなたが他人との信頼関係を、今よりももっとよくしたいと望むのであれば、今と同じことをやっていたのでは、結果は変わりません。もしも、「ごめんね」を伝えるハードルが高いのであれば、まずは「ありがとう」と伝える習慣を意識してみてください。

以前、知人からこのような話を聞いたことがあります。馬の合わない同僚との人間関係をよくするために「まずは自分から変わろう」と努力してはみたものの、思うような結果が得られなかったという話です。

その知人は、同僚に対して感謝の言葉を増やし、コミュニケーションを図ろうと努力したそうです。しかし、努力が実らず、変わってくれない同僚に失望していました。

「自分を理解して欲しければ、まずは自分から変わる」。そう信じて一歩踏み出したその取り組みは、素晴らしいことだと思います。しかし、この話を聞いたとき、少し引っかかるものを感じました。結局のところ、この知人は「自分が変わる」と言いながら、その行動の目的は「見返りを期待したもの」であったのです。

うまくいかなかった原因はここにあると思いました。

「ありがとう」という言葉も、「ごめんね」「すみません」という言葉も、相手に何かしらの見返りを求めて使うものではないということです。反省すべきところがあれば素直に「ごめんなさい」と言うこと、感謝したいことがあれば素直に「ありがとう」と言うこと、その行動は自分の意志で選んでいるものであるという自覚が必要です。

つまり、相手の変化を期待した「ありがとう」や「ごめんなさい」という言葉では、人の心には響かないということです。相手が変わるか、変わらないか、それは、あなたが決めることではないのです。「ありがとう」や「すみません」という言葉を使うとき、そこに素直な気持ちがこめられているのか、それともこちらが先に折れているという気持ちでいるのとでは、大きく意味が違ってきます。

まずは、「伝える習慣をもつこと」がはじめの一歩ではありますが、その言葉にこめられている「想い」が素直なものかということをぜひ振り返ってみてください。

まずは自分の言動を振り返り相手に嫌な印象を与えないこと

「口先だけ」と思わせない工夫

他人から受けた不愉快な出来事というものは、自分の記憶に深く刻まれることが多いと思います。しかし、私も含めて、自分が相手にしているかもしれない誤解を与える言動については、比較的無頓着な部分があるものです。

まずは、「もしかすると自分にもそのような言動があるかもしれない」と足元を見つめることが大切です。だからこそ、この本を手に取ってくださった方には、「相手に口先だけだという印象をもたれない工夫」をご紹介したいと思います。

その工夫のひとつとして、ここでは「具体的に」ということを意識していただきたいと思います。

特に、お詫びをする場面においては、何に対する謝罪であるかということを具体的に伝えることをおすすめします。なぜなら、お怒りになっているお客さまに、ただ「申し訳ございません」という言葉を繰り返しても、かえって事態を悪化させることがあるからです。

そのときのお客さまの心理は、謝罪の言葉を期待するだけではなく、「何によって自分が気分を害しているのかということを理解して欲しい」という気持ちが大きいのです。

例えば国際線でよくあったケースとして、一部のお客さまに対し、食事のご希望に沿うことができず、お詫びしなければならない状況がありました。

国際線においてのお食事は、機内サービスの目玉です。航空会社としても、極力お食事のご希望をお断りすることのないように尽力してはいるものの、やはり、一部のお客さまだけが食事を選ぶことができないということは起こってしまいます。そのようなときには、ただ「申し訳ございません」だけではなく、お客さまの気持ちを汲み取った、具体的な文言を添えてお詫びしていました。

例としては、「長らくお待ちいただいたにもかかわらず、ご希望に沿うことができず申し訳ございません」や、「和食をご希望でいらっしゃったにもかかわらず、ご用意できず申し訳ございません」など。

なぜ自分たちだけが食事を選ぶことができないのだという不公平感を抱いていらっしゃる方には「おっしゃる通りでございます。こちらにお座りのお客さまには充分にご要望をうかがうことができず、申し訳ございませんでした」というように、「何に対して残念に思っているのか」ということを理解し、具体的に伝える必要があるのです。

お詫びの事例ではありませんが、このような場面でも「具体的に」伝えることで、より効果的に気持ちが伝わります。例えば、開店前に店の前でお待ちになっているお客さまをお迎えするときには、「お待たせ致しました」だけよりも、「お寒い中（お暑い中）、長らくお待たせしました」の方が好ましいですね。

また、「ご来店ありがとうございます」よりも「早くからお越しいただき、ありがとうございます」の方がよりお客さまの気持ちに寄り添った言葉になりますね。

これらの事例のように、お客さまが感じているであろう気持ちを「具体的に」言葉にすることで、お客さまが「この人は自分の気持ちを理解してくれる人だ」と感じてもらうことができ、小さな信頼関係が芽生えます。お詫びのシーンで、文字だけの言葉で「すみません」を並び立てることは、かえって状況を悪くすることもあります。お詫びの気持ちをもっているならば、相手に不快感を与えずに、正しく気持ちを伝えたいものです。

何に対しての感謝なのかを「具体的」にする

また、お詫びと同様に、「ありがとう」についても「何について感謝しているのか?」を明確にすると、より気持ちが伝わりやすくなります。

「ありがとうございます」よりも、「いつもご利用いただき、ありがとうございます」。お客さまが荷物の収納を積極的に手伝ってくだされば、「ありがとうございます」よりも、「お手伝いいただき、ありがとうございます」や、「わたくしどもへのお気遣い、ありがとうございます」など……。シンプルに感謝を伝える場面では、堅苦しいことを考える必要はないかもしれませんが、「より伝わる」という視点で言うと、こちらも「具体的」が有効です。頭の片隅に置いておいてください。

「すみません」＋「ありがとう」も効果的

次に、お客さまの手を煩わせてしまう場面です。お手数をかけるのですから、もちろんお詫びをすることは大前提です。しかし、このようなときでも「お詫び＋具体的な感謝の言葉」を添えることで、お客さまが笑顔になってくださることは少なくありません。

前述のように、お客さまに何かをお願いするときに「（お手数をかけて）すみません！」という気持ちから、何度も何度も「すみません」と言う人がいます。しかし、「すみません＋ありがとう」という形に変えることで、お客さまの気持ちが着地する場所が変わってきます。人は、感謝されることで「貢献できた喜び」を感じるものです。お手数をかけて申し訳ない！　という気持ちはとても大切なことですが、それだけで終わらせることなく、こちらの依頼を受け入れてくれたことに「ありがとう」と感謝の気持ちを伝えてみてください。

いかがでしたか？

ただ「すみません」や「ありがとう」と伝えるよりも、何に対してのお詫びなのか、何に対しての感謝なのか、という「具体的な言葉」を添えることの大切さ、おわかりいただけましたか。相手が感じていることを、あなたの口からあなたの言葉で聞くことで、心の距離が縮まります。また、依頼ごとの際には「すみません」だけではなく、「ありがとう」を最後に伝えることで、「やらされた」という気持ちから「役に立てた」という気持ちになります。人の心を動かすのは、このような小さな日頃からの「ありがとう」と「すみません」の使い方と使い分けなのです。ぜひ取り入れてみてください。

心の底から感情を解放すれば本当の気持ちは自然に伝わる

人への気遣いに完璧はない

客室乗務員として求められるものの中には、美しい所作や正しい敬語の使い方というものがあります。また、接客のプロとして、お客さまに不快感を与えないように、誤解を招かぬように、会社の信頼を損なわないように……ということも同様に求められます。

それらは、「会社の看板」としての誇りをもたせてくれるものでもありました。しかし、一方で、「落ち度があってはいけない」という怖さや緊張を引き起こすものでもありました。これは、客室乗務員のサービス要員としての緊張です。

また、客室乗務員というと「サービス要員」という側面がクローズアップされがちですが、それ以上に、「保安要員」という位置づけの方が優先順位は高いのです。それゆえに、途切れることのない「安全に対する意識」をもって乗務することが義務づけられます。保安要員であることの責任は、サービス要員とはまた異なる種類の緊張を伴うことになるのです。

このように書くと、「客室乗務員は常に緊張の中にいます」というような言い訳に聞こえるかもしれません。しかし、私が言いたいのは、そのようなことではないのです。客室乗務員を卒業した私が、今、お伝えしたいのはこういうことです。

「もっとお客さまに心から感謝の気持ちを伝えておけばよかった」ということ。

「ご不快な思いをなさったお客さまに、もっと心からお詫びをしておけばよかった」ということなのです。

それは決して、当時の私がいい加減な気持ちでお客さまと向き合っていたということではありません。私なりのベストを尽くしたという自負はあります。しかし、なぜ今、このような気持ちになるのかといえば、私自身が「お客さまとの思い出が、もっとたくさんできたのではないか」と思うからです。そして、「もっと多くのお客さまに、心を伝えることができたのではないか」と感じているからです。

お客さまとの思い出の中で、私自身が「心や感情を解放していたとき」にお話しできたお客さまとの記憶は、より一層、色濃く心に刻まれているのです。プロとして緊張感をもって乗務することは誇りでもありました。

しかし、それでもなお、もっとうまく緊張とのバランスを取り、お客さまの前で「私らしく素直な感情で」向き合う場面を増やしてもよかったのかもしれないと、当時のことを思い出す私です。

パフォーマンスは無意味

企業には、イメージやブランドがあります。その伝統を守ることは大切なことです。しかし、それらを守ろうとするあまり、せっかくのお客さまとのタッチポイントが、「距離感を間違えることに対する怖さ」に邪魔をされるのはもったいないと思うのです。
そのような心の壁は、ときに「事務的な対応や人間味のない接客」に見られることにも繋がりかねないからです。

実際に、私が多くのお客さまと接する中で確信したことは、お客さまとの信頼関係が結ばれるのは、心からの素直な言葉が交わされたときです。それらは、取って付けたような相槌《あいづち》やオーバーなリアクションの何倍も心に響く言葉です。さらに言うと、正しい敬語や美しい所作も接客には必要なことではあるものの、それで心が通うものではありません。「ありがとうございます」「申し訳ございません」という言葉を、絵に書いたように美しいお辞儀と共に伝えてみても、それがお客さまにとって、パフォーマンスにしか見えなければ、全く意味をなさないものなのです。

例えば、身近な例で考えてみましょう。あなたが誰かを褒めたときを想像してみてください。「よくやった！」「がんばったね！」と褒めたとき、相手が「ありがとうございます。これからも精進します」と言って静かに一礼されるのと、「ありがとうございます！　がんばりました！」と全身で褒め言葉を受け止めてくれたとき、どちらに喜びを感じますか？　もちろん、その声のトーンや表情にもよりますし、人によって感じ方はさまざまだと思いますが、私の場合は、後者に喜びを感じると思います。なぜならば、自分が相手を褒めたときの温度と、同じ温度で返ってくる言葉には「想いを受け取ってもらえた」と感じることができるからです。そのような「ありがとう！」には「この人を褒めてよかった！」という喜びを感じます。

日本人のよさは、「謙虚」であることです。しかし、ときに「謙虚」が過ぎて「遠慮」になりがちです。「遠慮」はときに、素直な感情を妨げてしまいます。

つまり、相手との壁を作ってしまい、気持ちが伝わりにくくなるのです。相手からの褒め言葉や厚意は、しっかりと受け取ることが、相手の喜びにも繋がると思いませんか？ときには、相手との距離を間違えてしまうことがあるかもしれません。「親しみやすさ」と「なれなれしさ」のボーダーラインに迷うこともあるかもしれません。

しかし誠実な気持ちや謙虚さはもちつつも、相手からの厚意を受け止めて素直に喜び、そして、その気持ちを「ありがとう」の言葉に乗せてみてほしいと思います。そのような言葉を交わすことができたとき、信頼関係は本物に近づいていくのだと思います。

形や演技ではない、素直な感情に従った言葉こそ、相手にもっとも届く言葉なのです。

「ありがとう」や「すみません」の言葉も、ただの文字だけなら価値はありません。そこにこめられた「想い」に価値があるのです。伝わる言葉にするために、心から感情を解放し、より相手の心に響く言葉にしたいですね。

人間関係は「アイコンタクト」がとても重要である理由とは

「どのように伝えるか」が重要

さて、ひとつ前の項目の中で『「ありがとう」の言葉も「すみません」の言葉も、ただの文字だけならば価値はありません。そこにこめられた「想い」に価値があるのです』と書きました。

私は、「どんな言葉を発するのか」ということよりも、「どのように伝えるのか」ということの方が、より重要であると思っています。なぜならば、自分に想いがあっても相手に伝わらなければ、相手にとってその想いは「ないこと」になってしまうからです。「ありがとう」や「すみません」といった言葉が、ただの「文字の伝達」になるのか、「価値ある言葉」になるのかは、「心＋伝え方」によって大きく変わるものです。

つまり、こういうことです。「ありがとう」や「すみません」という言葉は、あくまでも心にある感情を届けやすくするための「箱」です。

心が伴わない言葉は、まさに「空《から》の箱」だけを相手に渡しているようなもの。本当に相手に届けるべきものは「あなたの感情」です。そして、その感情を伝わる形にするものが、表情や声のトーン、口調というような「伝え方＝道具」なのです。

世の中には、感情を伴わない「ありがとう」や「すみません」が溢れています。前述のように、コンビニエンスストアやスーパーで会計をする際には、ほとんどのスタッフが「ありがとうございました」と言います。

しかし、心に響くものはほとんどありません。なぜならば、感情や心がない、もしくは、あったとしてもその想いが、コチラ側の心に正しく届いていないのかもしれません。

想いを正しく伝える方法に欠かせないものとして、「アイコンタクト」が挙げられます。

相手と目を合わせることで、想いは伝わりやすくなります。しかし、伝わりやすくなるということは、メリットだけではありません。

心にある感情が相手への敬愛の気持ちならば、その気持ちが伝わることで人間関係にいい影響を与えますが、相手の存在を軽視したような気持ちがあると、敏感な人はそれを感じ取ってしまいます。

多くのマナー本や接客の極意にも、アイコンタクトが大切であることは書かれています。

しかし、気持ちがより伝わりやすくなるからこそ、相手に対する心からの敬愛の気持ちがなければ、それはかえってマイナスの効果に意図せず働く場合があることも決して忘れてはならないと思います。

「アイコンタクト」はあくまでも「伝える方法」なのであって、それをやればすぐによい効果が表れるというものではありません。

「伝えるべきものは何であるのか」という目的を間違えることがないようにしたいですね。

コミュニケーションのズレを埋める

また別の理由からも、私は相手との良質なコミュニケーションを構築したい人には、「アイコンタクト」を強くおすすめしたいと思っています。よく「目は口ほどにモノを言う」と言いますね。私はその言葉に深く共感しています。特に、日本人の場合であれば、実際に発している言葉と本音が違っていることは少なくありません。

英語は、意思をはっきりと伝える「伝達」に優れた言語ですが、日本語は「含み」のある言語です。だからこそ、日本には察する文化が根づいているのです。

そして、相手の本音を知るためには、相手を観察し、想像する力が必要になります。相手の本当の気持ちを察するうえで、「アイコンタクト」は欠かせません。目には、相手の本当の気持ちが表れていることが多いからです。

「ありがとうございました」「申し訳ございませんでした」と言うときに、お客さまの目を見てお伝えしたからといって、それだけで気持ちが伝わったと安易に考えることはできません。なぜならば、こちら側の想いを受け取っていただけたのかを「見届ける」必要があるからです。そのために、「ありがとうございます」「申し訳ございません」と目を見て伝えたその後にも、さらにもう一度お客さまの目を見る必要があるのです。

こちらの気持ちを本当に受け入れてくださったのか、それともまだ小さなわだかまりをおもちなのか、その答えは、お客さまの目の中にあるからです。

気持ちを言葉に乗せて伝えたならば、その「言葉」が相手にどのような影響を与えたのかを確認することが重要です。これは言葉に限ったことではありません。自分がよかれと思ってとった行動であっても、他人の受け止め方はさまざまだからです。

また、気持ちを伝えやすくするために、表情や声のトーン、口調も大切です。しかし、それらは、心が伴っていれば特に練習せずとも自然と気持ちに沿ったものに近づいていくと思います。

とはいえ、研修などでは、とても表情が硬い人がいるのも事実です。日頃から感受性を磨き、表情豊かであることを意識しているだけでも、効果は表れてきます。

しかし、それは、人から強要された場合には継続することは難しく、効果も出にくくなります。本人の意識は、本人にしか変えられません。あなたがもし、他人との関係性を良好にし、よりよい人生を歩むことを望むのであれば、ぜひ自分の意志で意識を変えて欲しいと思います。

「ありがとう」「すみません」という言葉を伝えるというのは、文字の力やアイコンタクト、表情、声のトーンや口調の力を借りて、「心にある感情」を届けるということです。そしてそれは、目的である「伝えたい感情」の質によって、その価値が決まるということです。

つまり、質の高い相手への感謝、お詫びの気持ち、敬愛の気持ちを磨くことがよりよい人間関係を築くものとなるのです。

さらに、その気持ちを「相手がどのように受け止めたのか」ということにまで思いを馳せる、その一歩踏み込んだ相手への関心をもつことも忘れないで欲しいです。

言葉磨きは人間磨き
自分を磨けば人生が変わる

言葉を変えれば人も変わる

「使う言葉を変えれば人生が変わる」という一文をよく目にします。

確かに、乱暴な言葉を使う人よりも美しい言葉を使う人の方が魅力的に感じます。また、否定的な言葉ばかりを使う人の側にいると、何だかこちらまで気分が落ち込んでしまうものです。

私は専門家ではありませんので、詳しいことはわかりませんが、日々使う言葉が脳や潜在意識に何かしらの影響を与えるという説は、素人ながらもわかるような気がします。

しかし、ときどき、この説を都合よく解釈し、もっとも大切にすべきことが疎かになっているのではないかと感じる場面を目にします。

私がもっとも大切にすべきだと思うことは、「心にある感情」です。それは、自分の感情と相手の感情の両方を指しています。

ここまで「ありがとう」という感謝の言葉の素晴らしさを書いてきましたが、一方で、軽々しく「感謝」という言葉を乱用する人に違和感を覚えます。

私は、使う言葉を変えることを意識すると同時に、「今、自分がどんな感情をもっているのか」「なぜ自分はそのように感じたのか」と心に芽生えた感情としっかり向き合うことがより大切だと考えます。

たとえそれがマイナスの感情であったとしてもです。そのような習慣をもつことで、目の前で起きたことはひとつでも、感受性を豊かにすることができるからです。

例えば、「いつもならば笑ってすませることのできる友達の冗談に、今日はなぜか過敏に反応し傷ついた」というようなことがあったとします。このときに自分の心で何が起きたのか。いつもと同じことをされたのに、なぜ今日は悲しかったのか？　というように自問自答するのです。

皆さんにも同じような経験はないでしょうか。そのときの自分の置かれている状況によって出来事の受け止め方が変わり、芽生える感情が変わるということが。そんなときは、その感情を冷静に分析するのです。言語化することも、ひとつの方法かもしれません。

つまり、日々の出来事の中で自分が味わった感情をデータとして「感受性の引き出し」にどんどんしまっていくのです。そうすることで、データ（＝経験）の増えた引き出しはいつしか「豊かな感受性」となります。それは、もし、誰かが自分と同じ状況に立たされているときに、相手の気持ちに深く共感できる「かけがえのない財産」となるのです。

このような手順を踏んで発せられた言葉は、上辺だけのポジティブな言葉とは種類が違います。それは、一方的に自分の気持ちだけを乗せた言葉とは違い、相手の心により響く言葉になるからです。同じレベルで相手の気持ちに共感し、相手の感情を理解した愛のある「磨かれた言葉」といえるのではないでしょうか。

「ありがとう」と「すみません」という言葉を、相手の感情や状況によって使い分けることもその第一歩です。とても短い言葉ではありますが、日常生活においても使用頻度は高く、そして人間関係をスムーズにするうえで欠かせない言葉です。いわば、その人の人生さえも決めてしまう言葉なのです。

「愛のある磨かれた言葉」とは

「言葉を変えれば人生がうまくいく」という部分だけを切り取っている人は、相手が落ち込んでいるときや悲しみの中にいるときでもお構いなしにポジティブな言葉を押し付けてくることがあります。

例えば、大切なペットを亡くして辛く悲しいとき、皆さんならばどのような言葉をかけて欲しいですか？

ペットを飼った経験のある人や感受性の豊かな人ならば、その悲しみがどれほど深いものなのか、想像できると思います。しかし、中には、まだその悲しい出来事から時間が経っていないにもかかわらず、「元気を出して！　笑顔！」というような無責任な言葉をかける人もいます。

言っていることは間違いではないかもしれません。「いつもの元気な自分を取り戻したい」。きっと本人もそんな気持ちでしょう。けれども、まだ感情が整理できず悲しみや混乱の中にいるはずです。その気持ちに寄り添った言葉こそが、「愛のある言葉」だと私は思うのです。

ポジティブな言葉を全部否定するつもりはありません。しかしながら、「言葉を変えれば人生が変わる」という言葉を、「ポジティブな言葉さえ使っていれば人生は変わる」という安易な解釈をしている人を見かけると、それはあまりにも表面的な思い込みだと思わざるを得ません。

相手の心情を把握し、「どの言葉なら相手を元気にすることができるのか」「どの言葉なら想いを伝えることができるのか」「今、相手が必要としている言葉は何だろうか」。

このような角度から吟味して発する言葉こそが、「磨かれた言葉」ではないでしょうか。言葉というのはコミュニケーションツールです。コミュニケーションとは「相手あってこそ」。相手と真摯に向き合っていないと感じる言葉は、たとえどんなに前向きな美しい言葉であったとしても、それは誰の心も動かさないのです。


「ありがとう」や「すみません」と伝えるときも同じです。「何についての感謝なのか」「何についてのお詫びなのか」ということを明確にして使い分けることで、相手に気持ちが伝わりやすくなるのです。それは、相手がその言葉を受け取りやすくなるのが理由です。

もちろん、タイミングや時間の制限などにより、毎回その意味付けまでを相手に伝えることは難しいかもしれません。しかし、言葉を発する側は、その「ありがとう」と「すみません」が何に対してなのかということを、頭の中で言語化する習慣は必要だと思うのです。

なぜならば、それは、先ほども述べたように、自分の感情と向き合う習慣が「豊かな感受性」を作り出すからです。

感受性を磨き、目の前の人に敬意と愛情をもち、「磨かれた言葉」を使うこと。それは、有名な本からの引用や、偉人の格言を真似るだけの言葉より、ずっと魅力あるものです。

「感受性の引き出し」を満たす

自分の人生を変えたい。好転させたい。だから、言葉を変えるのか？
周囲の人に磨かれた言葉を使うことで、結果的に人生が好転するのか？

この2つは似て非なるものだと思います。何をもって人生が好転したととらえ、幸せだと定義するのかは人それぞれです。しかし、多くの人が抱える悩みの中で、他人とのコミュニケーションがうまく取れないというものがあります。

私たちは無人島に住んでいるわけではありません。家庭では家族と、職場では仲間と、さらに外に出れば見知らぬ人と関わっていくことになります。そういう意味では、自分の周囲にいる人との関係性が良質なものであるに越したことはありません。

そこでまずは、「ありがとう」と「すみません、ごめんなさい」というシンプルな言葉を第一歩に、その習慣づけをしていただければと思います。

闇雲に使う「ありがとう」という「感謝」の言葉や、とりあえずの「すみません」。これは誰の心も動かすことはできません。

日々の生活で起きる現象を見て、「自分がどう感じたのか」と振り返り、自分の中にある「感受性の引き出し」を満たしていくことが大切なのだと思います。

COLUMN

「ありがとう」で見送った インコのセイちゃん

息子と娘に「役割」の意識が芽生えた

私には、中学生の息子と小学生の娘がいます。息子が小学2年生のときに「ペットを飼いたい」と言い出しました。そこで私は、比較的お世話のしやすい小鳥がいいのではないかと考えました。

息子の誕生日プレゼントとして驚かせるため、娘と二人で小鳥専門のお店に行きました。可愛いインコを選びに行ったことが懐かしく思い出されます。

学校から帰ってきた息子は、可愛いインコを見て大喜び。当時、娘がお気に入りだったアニメに出てくるインコが「セイちゃん」という名前だったことから、その子は「セイちゃん」と呼ばれることになりました。

息子に「これからはあなたがセイちゃんのお母さんだよ。しっかりお世話してあげてね」と伝えた翌日、登校する前に息子は、「セイちゃん、『お母さん』は、これから学校に行ってくるね！」と言っていました。

役割として「お母さん」という言葉を使った意図が伝わらなかったことに思わず噴き出しましたが、この日から息子には「責任」というものが芽生えたような気がしています。

娘は娘で、下に可愛がってあげる兄弟がいなかった毎日から、「お世話してあげる対象」ができた喜びでいっぱいのようでした。セイちゃんの前では自分のことを「お姉ちゃん」と呼び、小さな弟を可愛がるお姉さんの役割を見つけ出したようでした。

セイちゃんとの日々は楽しく、息子も娘もセイちゃんが可愛くて仕方がないようでした。息子が学校から借りてくる本は、インコが載っているペット図鑑。粘土の時間や工作でもセイちゃんを作っていましたし、娘が保育園で書く絵には、セイちゃんが何度も登場していました。毎年恒例の家族旅行にも連れて行き、まさに家族同然であるセイちゃんでした。

しかし、ペットを飼えばいつか必ずお別れがきてしまう。子供たちが、セイちゃんを可愛がる姿を微笑ましく見つめながらも、その「いつか」がくることが、とても恐かったことを覚えています。

子供たちが嘆き悲しむ姿を見たくはない……。そんな想いをどこかでいつも抱えていたような気がします。

セイちゃんが我が家にきてから五年半たったある日、セイちゃんの様子に異変がありました。一番にその異変に気づいたのは娘でした。「なんか、セイちゃんがハアハアしている」。そう私に教えてくれたのです。

確かに言われてみれば、そのように見えなくもない。飛んだ後だからかな？　温度が暑すぎたのかな？　と原因を考えましたが、そのときはまだ元気に飛び回り、おもちゃを突《つつ》いているいつもと変わらない様子に、娘の報告を深刻に受け止めていない私がいました。

セイちゃん、本当にごめんね。そして、弟として可愛がっていたセイちゃんの異変に気づき、ちゃんと報告をしてくれたのに、病気じゃないかと考えられなかったことに対して、娘には本当に申し訳ない気持ちでいっぱいです。

ついに「そのとき」がきてしまった

心配が払拭《ふっしょく》されなかった娘は「セイちゃんを動物病院に連れて行く」と言って出かけて行き、そこでの先生の言葉にショックを受けて泣いていました。「インコの呼吸器系の病気はとても深刻で命にかかわる」ということでした。それから一週間、セイちゃんにお薬を与えて様子を見ていましたが、元気になって欲しいという願いは叶わず、セイちゃんは旅立ってしまいました。

その日の午前はまだ娘の肩に乗り、娘の音読をジッと聞いていたセイちゃんでした。ところが夕方、皆が珍しくリビングにいたとき「バサッ」という音がしたのです。

嫌な予感がして慌てて鳥かごを見ると、止まり木につかまることができなくなり、羽をたたむ力もなくしてしまったセイちゃんの姿がありました。「そのとき」がきてしまった。

可哀想で見ていられませんでしたが、息を引き取るならば、せめて家族の手の中で、家族に見守られてと思い、精一杯の感謝をこめて、セイちゃんを手の中に包み込みました。

息子は悲しみの中でも比較的冷静に事態を受け止めていましたが、娘は半狂乱でセイちゃんの名前を呼び続けていました。でも、「もう静かに旅立たせてあげよう。セイちゃんが安心して旅立てるように、今までの感謝を伝えよう」と子供たちに伝えました。すると、子供たちの口から次々と、「感謝の言葉」が大粒の涙と共に溢れ出てきました。

「セイちゃん、今までありがとう」「ゆっくり休んでね」「楽しかったよ」「セイちゃんに会えて嬉しかったよ」「これからもずっと一緒だよ」「ずっとずっと大好きだよ」「セイちゃん、本当にありがとう」

冷静さを保っていた反抗期の息子も、半狂乱だった娘も、そして私も、涙が止まりませんでした。しかし、その涙は、「お別れ」に伴う悲しみの涙だけではなかったのです。

それは、いつも家族の側にいてくれたセイちゃんへの「心からの感謝の涙」でした。本当の感謝とは、心が震え、涙が溢れてくるものだということを改めて痛感しました。

冷たくなってしまったセイちゃんに娘が手紙を書きました。そこには「学校でつらいことがあったとき、セイちゃんがいたから大丈夫だった、ありがとう。セイちゃんといっぱい遊べて本当にうれしかった、ありがとう。おるすばんもセイちゃんがいたから、さみしくなかった。ずっと大好き、本当にありがとう！」と書かれていました。

この手紙を見たとき、わたしが家を不在にしていた時間、どれだけセイちゃんに助けられていたことかと胸が熱くなりました。本来なら、母である私が受け止めてあげるべき子供たちの淋しさを、セイちゃんが救ってくれていたのです。

「ありがとう」の言葉しか出てきません。セイちゃん、うちの子になってくれてありがとう。家族に可愛い姿を見せてくれてありがとう。子供たちに生き物を愛する心を授けてくれてありがとう。命の儚《はかな》さ、大切さを教えてくれてありがとう。

これからも天国でずっと見守っていてね。本当にありがとう。

Chapter 3

第３章

ビジネスの評価が上がる２つの言葉の使い分け

「ついていきたい」と思える人は2つの言葉を必ず言っている

自分の在り方を見つめ直す

あなたには今、部下や後輩はいるでしょうか。日頃、その部下や後輩への指導育成について悩みをもっているとしたらどんなことですか？

組織で仕事をするうえで欠かせないものとして、「チームワーク」や「コミュニケーション」があります。それらが整っていない職場で行われる指導や育成は、いつ倒れてもおかしくない木を育てているようなものです。

根をしっかりと張っていない木に、時間とお金をかけて「形やテクニック」という葉をつけても、すぐに枯れてしまうことでしょう。

何事においても、確実に成果を生んでいくためにはしっかりとした土台が必要です。ところが、職場においてのコミュニケーションのもつれは多々見受けられます。そのような状態ではチームワークも育たず、質の高い仕事をすることは難しくなってしまいます。

しかし、上に立つ人間というものは、部下や後輩を導いていく役目を担っています。ここでは、どんな人ならば「ついていきたい！」と思われるのかということについて考えてみたいと思います。

日本人にはイエスマンが多いといわれます。

しかし、それは表面的なものであり、内心では上司や先輩から指示や注意を受けたとき、納得して受け入れている場合もあれば、理不尽だと感じる場合がありますよね。

すべてにおいて心から「イエス！」と言える環境であれば、これほど幸せなことはありません。しかし、多くの人が職場の人間関係に悩みを抱えています。

理不尽さを抱えつつも心と反対の行動を取らなければならないことがストレスになって

いるのでしょう。

現在、上司や先輩という立場にある人も、もちろん過去には部下や後輩だった時代があるはずです。そのときに、「『何を』言われるか」よりも「『誰に』言われるか」ということが、自分の気持ちや行動に影響を及ぼした経験はないでしょうか？

良好な関係性を構築することに、「共感」というものが大きく貢献します。部下や後輩の気持ちを汲み取ることや耳を傾けるといった歩み寄りも、もちろん大切なことではあります。

しかし、それもやはり「誰にそれをされるのか？」という部分において効果が左右されるものです。なぜならば、共感や信頼のない中で心を許すことは難しいからです。

以上のことから、まずは、自分の在り方を見つめ直すことをおすすめします。自分自身が「この人の言うことならば共感できる」「この人の言うことならばやってみよう」「この人について行きたい」。そのような想いを抱かせる人になることが先決です。

私の経験から言えることは、「優秀とされる上司や先輩」が必ずしも「ついて行きたいと思える人」とイコールではなかったということです。

もちろん、私にはない知識や経験をおもちの方を見て尊敬することは多々ありました。勉強もさせていただきましたし、お世話にもなりました。

ただ、やはり「知識や経験や職位」は尊敬する対象ではあったとしても「心を動かされるもの」には至らなかったのだと思います。では、どのような人に対して共感し、「ついて行きたい」「この人の言うことならば」と思えたかというと、「正直に自分の非を認める人」であったような気がします。

「痛み」を伴わない言葉には重みがない

客室乗務員という仕事柄か、職場においても「ありがとうございます！」という言葉がいつも飛び交っていました。それは、目下の人から目上の人に対してだけではなく、上司や先輩も目下の人に対して惜しみなく「ありがとうございます」の言葉をかけていました。

これは文化としてしっかりと根付いており、どんなに些細なことであっても、誰に対しても「ありがとう」の言葉を伝える環境が整っていました。

その効果なのか、職場はいつも活気と笑顔に満ちていたような気がします。本当に素敵な職場で働かせていただけたことに、改めて感謝の気持ちが溢れてきます。

ですが、少々穿《うが》った見方をすると、「ありがとうございます！」と言うことは、わりとハードルが低いともいえます。

なぜならば、「ありがとう」という言葉は、両者にとって喜びや幸せの言葉であるため、どこにも「痛み」がないからです。

一方で、「申し訳ございません」「すみません」「ごめんなさい」という言葉は、自分の非を認めなければならないものです。そこには「痛み」が伴います。

しかし、実は、事実として職場では「ありがとうございます」の言葉と同様に、「申し訳ございません！」の言葉もいつも飛び交っていました。粗相をしたとき、「申し訳ございません！」という言葉は反射的に出てきます。

ただし、このように反射的に出てくる「申し訳ございません！」は、「痛み」を伴っていない場合がほとんどです。

言葉を選ばずに言うと、このような言葉は、挨拶代わりのようなものです。

謝罪したところで何も失うものがない場合や責められる事柄ではないときは、挨拶程度の感覚でいくらでも使うことのできるものなのです。

もちろん、些細なことでも「すみません」と言えるに越したことはありませんので、それはそれで否定する気もありません。むしろ推奨したいと思っています。

「言葉の重み」が人の心を動かす

しかし、やはり、自分の非を認めた心からの謝罪と、前述のようなコミュニケーションツールとしての「申し訳ございません」では重みが違います。

自分の非を認めることになる謝罪は、自己保身が強い人の口からは、なかなか聞くことがありません。

また人によっては、立場というプライドが邪魔をして、挨拶代わりの「すみません」は多用していても、肝心の非からは逃れようとします。

そのような行動は、かえって部下や後輩の心を遠ざけ、信用を落とすことになります。そして、ひいては信頼や共感を得ることがなくなり、職場内でのもつれを生んでしまうことに繋がっていくのです。

私は、上に立つ人に対して謝罪を強要したいわけではありません。

ただ、仲間からの共感や信頼を得られる人というのは、極めて「正直」な人であると思うのです。目的は、犯人を探すことでも誰かを吊し上げることでもなく、部下や後輩から「この人の言うことなら」という信頼や共感を得ることなのです。

誰に対しても「ありがとう」と言える人は素敵です。粗相をしたときに「すみません！」と咄嗟《とっさ》に言える人も素敵です。しかし、痛みが伴うことに出会ったときに、正直に「申し訳ございません」と言える人は、自分の非を認めることのできる「素直さと強さをもった魅力的な人」であると私の目には映りました。

自己保身の人にはできないこと。いや、自己保身ではないはずの人でも、そのような場面に出くわすとそうなってしまうのかもしれません。

しかし、だからこそ、そのような恐れに打ち勝ち、立場にとらわれることなく謝罪ができる人は、人の心を動かすのではないでしょうか。

私自身、そのような上司に出会えたことで大きな影響を受けました。それは今でも、私の講師としての在り方の指標になっています。

偽りのない姿や誠実さこそ、「この人についていきたい」と思わせる最大の強みであると思うのです。

「印象がいい人」になるだけで仕事の世界観も大きく変わる

「相手に敬意を払う」のが大前提

私は中学・高校・大学時代はフェンシング部に所属していました。体育会系のクラブですから、ご想像の通り、上下関係、時間厳守、あいさつ、返事などにとても厳しい環境です。

当時はそのような環境が窮屈に感じることもありましたが、それらの習慣が既に身についていたことは、社会人になってからとても役に立ったと思っています。

最近、世間では、規則で縛ることの是非が問われ、「もっと、ありのままでいいじゃないか」という意見も耳にします。

しかしときどき、「ありのまま」を都合よく解釈していると思われる場面に出くわすことがあります。「ありのまま」とは、「ルールやマナーを守らなくてもいい」という意味ではないはずです。さらに、仕事において組織で働く場合には、「会社の看板を背負っているという意識」と「大人としての責任」が伴います。

そして、人との関わりの中では、「相手に敬意を払う」という大前提があることを忘れてはいけないと思います。

なぜならば、私たちは人との関わりなしに生きていくことはできません。自分の周りには、必ず自分以外の誰かがいます。公共の場所においても、お互いに心地よく過ごすための歩み寄りや、「ありがとう」と「すみません」というようなちょっとしたひと言も忘れたくはないですね。

組織で働く場合においてはなおさらのこと、仲間や取引先、そして、お客さまとの関係性を良好なものにしておく必要があります。末永いお付き合いを考えたとき、やはり人は「感謝の気持ちをもっている人」「謙虚な心をもっている人」「感じのよい人」「信頼できる人」を選ぶのではないでしょうか。

以前、「どんなに才能があっても消えていくミュージシャンがいる」という記事を目にしたことがあります。

本人に才能があり、一時的に有名になったとしても、周囲のスタッフへの配慮のなさや非常識な振舞いにより、やがては表舞台から消えてしまうという内容でした。

自分が仕事をできる環境にあるのは、周囲のサポートがあってこそ。これを「当たり前」だととらえているか、「有難い」ととらえているかによって、周りにいる人に対する言動は変わってくるでしょう。

いくら専門分野に長けていても、感謝の気持ちと謙虚な心がない人は、いつしか応援者がいなくなってしまうと思います。一緒に仕事をしたあとに、「また次回もお願いしたい」という気持ちにならない、または、誰かに紹介することが難しいと感じる人が、あなたの周りにもいませんか？

だからこそ、ビジネスシーンにおいても「ありがとうございます」「申し訳ございません」という言葉を適切な場面で使い分けることが大切です。そして、周囲に伝わる温度でそれらの言葉が使える人でいたいものです。

「言うは易し、行うは難し」

「成功者の習慣」や「一流の人がやっていること」という話を聞く機会がありますが、やはり、その中にも「感謝の心、謙虚な気持ち、周りへの気遣い、相手に対する敬意」というものが挙げられています。中には破天荒《はてんこう》なエピソードをもつ有名な方もいらっしゃいますが、私が尊敬する「成功者」や「一流」と呼ばれる方々は、「当たり前のように」これらのことをなさっている気がします。

自分に余裕があるときや冷静な判断ができる状況では、周囲に感謝をし、そして、他人に優しくすることも比較的簡単です。

しかし、危機的な状況や、ストレスにさらされるような環境にあると、心に余裕をもつことは難しいものです。自分のことで精一杯になり、感情的になることもあるでしょう。また一時的にすべてが上手くいきはじめ、周囲からチヤホヤされ、有頂天になっているときも大切なことを見落としがちです。

そういう私も、「常に感謝の心をもち、自分の至らなさを自覚し、素直に反省できる人」を目指してはおりますが、この継続は本当に難しいことであると日々痛感しています。

常に感謝の心と謙虚な気持ちをもち続けるということは、口で言うほど簡単なことではありません。だからこそ、これらを「当たり前のように継続できる人」は人とは違う成果を手に入れているのでしょう。


先ほど、「ありのままの姿」について触れました。本来ならば、「正しい意味でのありのままの姿」が一番なのだと思います。自分を大きく見せたり、演出をしているといつか無理が生じてしまい、そんな偽りの自分に近づいてくる人とは末永いご縁は期待できません。

だからこそ私は「ありのままの自分」を磨いていく必要性を感じています。

周囲やお客さまに対しては、「ありがとうございました」とマニュアル通りに伝えるのではなく、そのような気持ちを自然に感じることができる人で在りたいものです。

人に迷惑をかけてしまったときに、「申し訳ございません」と「伝えた方がいい」というテクニックではなく、自らの意思で素直に謝罪できる人でいたいですよね。

そして、それらの言葉を丁寧に使い分けられる人の印象というのは、まさに誠実そのものだと思います。

よく、「感謝とはするものではなく、溢れてくるものだ」といいます。挨拶をする習慣のない人や接客経験の少ない人に対しては、ある程度のルールやきまりに則った指導も必要かもしれません。

しかし、ルールに重きを置きすぎて、その中にある本質的なものが置き去りになるのは残念なことだと思います。

「人から好かれるためにやる」のではなく「やっているから人に好かれる」。この原則を私も忘れずにいたいと思います。

空気を読んで言葉を発することがビジネスでは高く評価される

ビジネスのメールは要注意!!

ビジネスにおいて欠かせないツールとして、メールがあります。非常に便利な機能を兼ね備えているものの、メールならではの難しさを感じている人も多いと思います。

対面のコミュニケーションであれば、表情や口調でカバーできることもありますが、文字だけのやり取りになるメールでは、ときに誤解が生まれてしまうこともあります。

だからこそ、メールを使用するときは、顔を見て話すとき以上に慎重に言葉を選ぶことが必要だと思います。


一方的に発信をする際には、ただ単純に「ありがとうございました」という言葉があればお礼のメールになりますし、「申し訳ございませんでした」と書けば、それは謝罪のメールとして受け取ってもらうことができます。

しかし、何度かのやり取りが必要な場合には、相手から受け取ったメールを返すことになりますね。会話のキャッチボールと同様に、相手がどんなボールを投げてくるのか、そして、自分はどんなボールを返すのかということがビジネスの結果を左右することにも繋がるでしょう。


いくら文字だけのメールとはいえ、ここでも注目してほしいのは、相手の感情です。しかし、ビジネスメールの場合には、相手の感情が読み取りにくいことがあるようです。なぜならば、親しい間柄で交換されるメッセージと違い、ビジネスメールの場合には、感情的な表現は少なく、婉曲して書かれていることが多いからです。

だからこそ、より注意深く、相手の意図を文面から汲み取ることが肝心です。そのためには、これまでのやり取りの流れを読むことや、自分のこれまでのメールに相手への失礼がないかという点なども頭に入れておくことが大切です。

これらを怠ってしまうと、文法や敬語が正しい文章であったとしても、言葉の使い分けを間違ってしまうことがあります。相手の感情とかけ離れた言葉を選んでしまうと、意思の疎通ができない人だという印象をもたれてしまいます。せっかくのビジネスチャンスをこのようなことで逃してしまうのはもったいないことですよね。

私が日頃感じていることは、メールの返信のタイミングは人によって実にさまざまだということです。ビジネスマナーのマニュアルにも「メールの返信は早めに」ということは書かれていますが、「早め」の解釈も人によってまちまちです。

皆さんにもこのような経験はないでしょうか。日程を決めなければならない案件に対し、相手からの返信がないというとき、「まだメールを読んでいないのかもしれない」または、「返信を忘れているのかもしれない」「もしかすると体調不良で出勤していないのではないか……」など、いろいろなことを考え、頭を悩ませたことはありませんか？

私はこのようなとき、確認のために再びメールを送るタイミングについて悩むことがあります。

しかし、このように悩む経験の中にも学びがあるとも思っています。それは相手のメールの返信が遅いと感じたときに味わった感情もしかりです。このような経験をすることで、自分が何かしらの事情で返信が遅れてしまったときに相手が抱くかもしれない感情を知ることができるからです。想像力を養うために、こうした感情を覚えておくことはとても役に立つのです。

相手の心の機微を感じ取る

万が一、自分が返信をうっかり忘れてしまったとしても、相手にやきもきさせてしまったことが想像できれば、まずは「返信が遅れまして申し訳ございませんでした」という謝罪の言葉を伝えることができますね。

ところが、返事を待っている人の気持ちを汲み取れないとどうなるでしょうか。「先日はメールをいただきありがとうございました」とはじまって、日程調整の話だけで終わってしまうことが考えられます。

例えばこのメールが、気長に返事を待てる人に宛てたものならば、「ありがとうございました」だけで問題はないでしょう。しかし、「返信は早め＝当日もしくは翌日」という解釈をしている人にとっては、返事を待つ間の気持ちを理解してもらえず残念だという印象をもたれるかもしれません。

相手の心の機微を感じ取るための「察する力」や「想像力」は、状況別での言葉の使い分けに大いに役立ちます。メールの返信を失念することは、もちろん褒められたことではありません。しかし、何かの事情でそのようなことがあったとしても、相手の感情に寄り添った言葉を選べる人というのは、気持ちのよいご縁が続くものです。

ビジネスメールの参考事例集の中には、とにかく簡潔にと謳《うた》っているものもあります。相手の心情に寄り添った文は省き、内容だけ記述したメールの参考事例も見たことがありますが、私は少し違和感を覚えました。

当然ながら、相手に読んでもらうということは、その人の時間を割いてもらうということですので、読みやすさやわかりやすさ、長さなどへの配慮は必要です。

しかし、メールはコミュニケーションのツールです。まずは相手に対する敬意やご縁をいただいたことに対する感謝が土台にあるものだと思います。

信頼関係を育むためには、たとえ相手が目の前にいずともその気持ちを汲み取り、相応しい言葉を使い分け、こちらの想いを文字に乗せられることが大切です。

また、ビジネスメールというものは、やり取りは個人対個人ではあるものの、会社という組織の看板を背負っています。会社の代表として連絡を取っているといっても過言ではないのです。ちょっとした言葉のニュアンスが相手の誤解を招き、大きなトラブルに発展してしまうこともあります。信頼を得るのは小さな努力の積み重ねですが、信頼を失うときはアッと言う間です。だからこそ、普段のメールよりも丁寧に言葉の使い分けを意識して欲しいと思います。

失敗を無駄にしない「お詫びの質」へのこだわり方

失敗したときにはまず潔く謝る

日々のニュースを見ていると、失敗したときや罪を犯したときにどのような振る舞いをするかで、その人の「人となり」が見えると感じることがあります。言い訳できない状況であってもなお、「知らなかった」「そんな事実はない」と言って保身に走る人もいますね。そして、いよいよ逃げられなくなったあとは、長々と経緯を説明し、最後にサラリとお詫びの言葉を付け加えるという方法を選ぶ人がいます。

一方で、まずは「すべて私の責任です」「何を言っても言い訳です」と自分に非があったことを全面的に認め、早々に謝罪する人もいます。本人が認めているので、それ以上周囲から追及されることがありません。もちろん、その内容や罪の深さにもよるとは思いますが、そのように、先にしっかりと謝罪できる人は、結果的にはその姿勢が評価され、周囲の理解や応援を得ていると思います。

これは個人だけでなく、企業や学校などの団体も同じです。問題が起きたときの対応や解決に向けてのアクションの迅速さが、その後の信頼回復に多大な影響を与えていると感じるのは私だけではないと思います。

まずは包み隠さずすべてを話し、至らなかったことを認め、反省し、謝罪する。このような姿勢は、たとえ現段階で至らないことやミスがあったとしても、「今後に繋がる謝罪」になると思うのです。

なぜならばそのような在り方は、関わりをもつ人たちに誠実さを感じさせることができるからです。その場を取り繕うよりも、まずは潔《いさぎよ》く非を認め、お詫びをすることで随分と印象は変わります。

あるとき、知人の講師が地方で実施する研修に遅れてしまったことがありました。天候上の理由で飛行機に遅延が発生したそうです。私はそれを、その講師のＳＮＳの投稿で知りました。それを見たとき、天候上の理由なら仕方がないという擁護の気持ちと、事前に天気予報などを見ていれば、前日から現地入りするという選択もあったのではないかという両方の気持ちがありました。

ところがその講師の投稿を読み進めているうちに、「前日入りもできたのでは？」という気持ちはなくなっていました。さらには、擁護の気持ちも消えていました。最終的には、「お見事です」という感想しかありませんでした。

実は、その講師はコミュニケーションの分野で活躍している人です。人間関係のすべてはコミュニケーション、ビジネスで成功するかどうかもコミュニケーションだと謳っている人です。さて、その講師はどのように自分の失態をお詫びしていたのでしょうか？

その講師は冒頭から「遅刻した」ということを大々的に情報開示していました。そして自ら「ありえないことである」「恥ずかしいことである」と続けます。これは、聴く人の気持ちに先回りしており、いわば共感にも似た効果があるのだと思いました。

天候上の理由で飛行機が遅延したことについては、理由としてやんわりと触れられており、言い訳のような印象はありません。理由として、あくまでも「さりげなく」触れるのみです。

そして、後半は、これでもかというくらいの反省と謝罪です。演技をすることはよくありませんが、「反省しています」ということを伝えるためには、少し大袈裟な表現の方がいいのでしょうね。そのような謝罪をされますと、「それほど気にすることではないですよ」と言ってあげたくなるものです。

本当に悪いと思えば態度に出る

そして、この講師の投稿を見て思い出したエピソードがあります。客室乗務員の訓練教官をしていたときに、私のクラスで寝坊による遅刻をした訓練生がいました。社会人として、また「定時性」を守る職務に就くものとして遅刻は厳禁です。なぜならば、客室乗務員としてひとり立ちしたときに、遅刻によって仲間やお客さまに迷惑をかけるようなことは絶対に避けるべきだからです。

また、日頃から真面目に仕事に取り組んでいたとしても、たった一回の遅刻が与えるマイナスイメージは想像以上に大きいものです。気の進むことではありませんが、教官として「愛があるからこそ、ここは厳しく指導しなければ！」という使命感の下、遅刻した訓練生を待っていました。

するとそこへ現れたのは、まるで死刑宣告を受けたかのような顔面蒼白の訓練生。もう声をかけることすら気の毒な雰囲気が漂っています。「昨夜は目覚まし時計をかけて休みましたか？」という私の質問に、彼女は「申し訳ございません……。もうクビでしょうか……」と遠い目をしています。

もはや私の質問など耳にも入らないくらい絶望しています。思わず「いや、クビにはなりませんけどね」と言って笑ってしまいました。そして、「もう十分に反省していると思うので私から言うことは何もありません。再発防止策だけ一緒に考えましょう」とだけ伝えました。

その後、ご迷惑をかけた関係各所に二人でお詫びに出向きました。建前上、皆さん厳しい顔をしていましたが、彼女がいなくなったあとは、「あんなに反省していたら何も言えないよね。毛穴という毛穴から反省が滲み出ているようだった」と言って笑ってくれました。

誤解のないように付け加えておくと、通常は遅刻に対してはとても厳しい指導がありま す。しかし、彼女は「もうあなたには何も言えない」という周囲の温かい目を引き寄せたのです。それは先ほどの講師と共通することです。

二人の共通点は、まずは自身の過失を素直に認めること。そして、反省とお詫び、それも、「これ以上ない反省とお詫び」です。

ビジネスシーンにおいては、ただ単純に「お詫び」しただけでは先方からの許しを得られないことも多いです。そのようなときは「お詫びの質」にこだわってみてください。「軽すぎる」と先方が判断したときは、その後の関係に影響が出るかもしれませんが、「もうそんなに謝らなくていいよ」という感情を引き出せば、まだチャンスはあります。これでもかというくらいの深い反省と真摯な謝罪、「質の高い謝罪の言葉」で失敗をチャンスに変えていきましょう！

コミュニケーションレス時代の今人より一歩リードするチャンス

挨拶はやはり基本中の基本

メールやメッセージ機能がどんどん進化して、コストをかけずに簡単に連絡が取れる時代になりましたね。私もその恩恵を受けています。技術開発をなさっている人たちは本当に素晴らしい技術とアイデアをおもちなのだと驚かされるばかりです。

とはいえ、技術の進化に甘えてばかりいると、退化していくものもあるようです。私自身を振り返ってみると、パソコンの文字変換機能に甘え、漢字が思い出せなくなっていることに気がつきます。また、メッセージ機能の手軽さに慣れてくると、メールさえも手間に感じることもあります。

ましてや手書きのモノとなると、ひと仕事したような気さえします。少し前までは「当たり前だったこと」ができなくなってきていると痛感しています。

一方で、そんな時代だからこそ、あらためて「手書きの手紙の価値」が見直されているという話も聞きます。効率だけが価値ではないということの、代表的な例ではないでしょうか。やはり無機質な活字よりも、ひと手間かけた温かみを感じるものに、他には真似のできない「らしさ」を感じることができるのだと思います。

しかし、そのような価値が見直されつつあるとはいえ、まだまだ現代社会にはコミュニケーションレスが蔓延していると思うのです。ひと手間、ひと言を惜しむ傾向は今でも少なくありません。

私は仕事柄さまざまな企業にお伺いしますが、そこでも思わず首を傾げたくなるような場面を目にします。例えば、「挨拶」です。

社員の皆さまは、自分が担当しているお客さまには満面の笑みでお迎えし、頭を下げてしっかりと挨拶をするのです。しかし、担当以外のお客さまには会釈すらしないということも珍しくありません。

すれ違う社員の方々に、私から「こんにちは」「おはようございます」と挨拶をしたり、会釈をしてみても「誰に向けてやっているのだろう?」とでも言いたげにキョトンとされることもあります。ときには気づいていただけないこともあります。

私への挨拶がないことが失礼だと言いたいのではありません。「担当以外の人間であったとしても、そこにいるのはあなたの会社のお客さまには違いないですよ」と言いたいのです。その意識の欠落と、挨拶の習慣が根付いていないことに対して、外部の人間でありながらも危機感を覚えます。

部外者にさえ意識が向けられていない。ということは、すでに空気のような存在になっているであろう内部の人間には、もっと無関心なのではないかと想像できます。

そして、そのような状態では、うまくコミュニケーションを取ることもままならないのではないかと危惧します。本来であれば、周囲に関心をもち、自ら進んで挨拶をするという姿は、社長や各部署のリーダーに率先して見せていただきたいものです。

しかし、そもそも「挨拶」は強要されるものでも、誰かがやっているから自分も……と義務感に駆られてするものでもありません。ですから、まずは、気づいた人から「挨拶の習慣」をはじめて欲しいと思うのです。

ぜひ「ありがとう」を習慣にして欲しい

人との関係性を築く第一歩でもある「挨拶」を疎かにしている職場は、おそらく「ありがとう」や「すみません」を伝える習慣もないのではないでしょうか。例えば、私が会社を訪問した際にお茶を出してくださる方や、名刺交換をさせていただく方々と接したときに感じるものです。

お茶を出してくださる方には、打ち合わせの邪魔になってはいけないという思いがあるのでしょう。その配慮はありがたいものです。しかし、私は目の前にお茶を出されると反射的にその人を見て「ありがとうございます」と伝えます。

そのときに、私が伝えた「ありがとうございます」という言葉をうまく受け取ることができず、その方が困っているように見えることがあります。

また、名刺交換のときも、名刺を受け取った際に、「ありがとうございます。よろしくお願い致します」と伝えると、「すみません！　すみません！」と何度も「すみません！」とだけ繰り返す人もいます。

おそらく、その心には「恐縮です！」という謙虚な気持ちがあるのでしょう。しかし、私としてはひたすらに謝られていると何だか申し訳ない気持ちでいたたまれなくなるのです。どちらかと言えば、「恐縮」よりもご縁をもてたことを互いに「喜びたい」と思います。このような場合には「すみません」よりも「ありがとうございます」の方が、相手にとっても嬉しい言葉なのではないでしょうか。

つまり、これらの事例から、日頃から職場で「ありがとう」を伝え合う習慣がないのだろうと想像するのです。なぜならば、「ありがとう」の言葉を受け取ることに慣れていないように見えるからです。

必要なのは遠慮ではなく配慮

あなたはいかがでしょうか？

「ありがとう」という言葉を職場の仲間に伝えていますか？　また、誰かから「ありがとう」と言われたとき、その言葉をうまく受け取ることができますか？

これは「すみません」も同様ですね。些細なことでも「すみません」と伝えていますか？　そして誰かが「すみません」と言ったとき、どのように受け止めていますか？

職場は、気の合う者同士が集まる場所とは限りません。そのため、家族や友人以上に質の高いコミュニケーションが必要になります。「仕事は仕事」と割り切ることもときには必要かもしれませんが、人生において仕事が占める時間の割合はとても大きいものです。そう思えば、自分にとって職場が快適な場所であるに越したことはありません。

「お隣のデスクであるにもかかわらず、メールでしか返事をしない」という人がいたとします。人によっては、そのような行動を淋しいと感じ、ある人は業務を邪魔されずありがたいと感じるかもしれません。

また、案件によってはきちんと文面で残した方がいいとの判断で、あえてメールで返事をしているのかもしれません。ですので、それがよいとも悪いとも決めつけることはできません。

しかし、コミュニケーションとは「相手の反応がすべて」ともいわれます。つまり、行動するだけでは不十分なのです。自分の行動が、「相手にどのように受け止められているか」を確かめる必要があるのです。

確かめる方法はひとつしかありません。「相手をしっかりと見る」ということです。その手順を踏んで、はじめて質のよいコミュニケーションが成立するのだと思います。

ただし、目の前にいる人と向き合うということは、決して相手のご機嫌うかがいをしたり、媚《こ》びるということではありません。相手の反応に恐れ、言いたいことも言えないようでは「真の信頼関係」は築けません。自分の軸や信念はもちながらも、相手の価値観も認めるということが必要です。そうすれば、相手は安心して心を開いてくれることでしょう。

以上のようなステップを「面倒くさいことだ」ととらえる人と、「人と真摯に向き合うことは大切だ」と考える人がいるならば、どちらの人が他人と心地よい距離感で信頼関係を構築できるかは明らかです。

まずは、自らが「自分ならこんな人と繋がりたい」と思える人に近づく努力をしたいものですね。必要なことは、「遠慮」ではなく「配慮」です。そして、すべては「自分がどのような人で在りたいのか」ということなのです。

まだまだコミュニケーションレスの時代。だからこそ、自分を大切にするのと同様に、周囲も大切にできる人が際立ちます。

「誰もそんなことはしていない」「誰かがはじめたからやってみよう」ではなく、まずは自らが率先して仕事で出会う人たちも大切にしていきましょう。

それは、きっとあなた自身が幸せになる大きな一歩になるはずです。

COLUMN

「専業主婦ママ」と「仕事をもつママ」は2つの言葉で関係がうまくいく

働くママも専業ママも皆平等

私の子供たちは保育園に通っていました。保育園に通う子供たちのママは、皆仕事をもっていますので、毎日の送り迎えもバタバタとしています。ですから、役員の仕事でもなんでも、とにかく時短や効率が命。

また、保育園では泣く我が子に後ろ髪を引かれつつ、ママも涙を浮かべて保育園をあとにする……。そんな光景を何度も見てきました。私もその経験者のひとりです。

そんなときに、近所にある幼稚園のママたちが、園の前でおしゃべりをしている様子を見ては、羨ましいと感じたこともあります。また、時間をかけて作ったお手製の可愛いバッグをもつ幼稚園児を見ては、既製品を買い与えている我が子たちに申し訳なく思ったこともありました。自分で仕事をもつことを選んでおきながら勝手なものです。「専業主婦のママたちは、時間がたくさんあっていいなあ」と思っていた私は、専業主婦のママたちがどれほど大変かということに気づくことができなかったのです。

子供たちが小学校に行くようになると、私の保護者としての環境も少し変わりました。保育園は「親が働いている」という前提で物事が進んでいきます。しかし、小学校はそうはいきません。役員会も日中に行われ、時間も長くかかります。

ＰＴＡが行うパトロールやら学校行事やら、極端にやることが増えました。しかし、我が子が在学している以上、「仕事があるので役員はやりません」とは言えませんでした。

そのときの役員仲間は計８名。私を含めた半分がフルタイムで仕事をもつママ、半分が専業主婦のママたちでした。私以外のフルタイムワーカーのママたちも、毎回の役員会の出席は難しく、しかし、それぞれが土日に学校で作業をすることを申し出たり、やれることはやらなければという気持ちがありました。

しかし、結果的には、なんだかんだ専業主婦である役員の仲間が、ほとんどの仕事を終わらせてくれていたのでした。本当に有難いことでした。しかし、一方で「申し訳ない」という気持ちでいっぱいでした。

専業主婦である仲間たちに助けられ、なんとか任期も終わりに近づいた頃、誰からともなく「なんだか、このメンバーで集まることが最後になるのは淋しいね」という言葉が漏れはじめました。

役員でありながら大して貢献もできず、助けてもらってばかりだったことに罪悪感もあり、最初の頃はストレスを感じていました。しかし、任期終了を目前に控え、私の中にも他の仲間たちと同様に、「このメンバーとのお別れが淋しい」という気持ちが芽生えていました。

私たち働くママチームは、「負担をかけてしまったこと」「私たちを『当たり前』のようにフォローしてくれたこと」、これらに対するお詫びと感謝の気持ちを、専業主婦のママチームに伝えたいと考えました。そこで、心ばかりのプレゼントを渡すことにしたのです。

そして、最後の役員会の日、「一年間本当にありがとう」「結局、負担ばかりかけて本当にごめんね」と言って、プレゼントを渡しました。すると専業主婦のママたちは、「ちょっとー、なに!?」と言って驚いてくれました。「こんなことしなくてもいいのに……。でも、嬉しい。ありがとう」と言って涙を流してくれました。私も涙がこぼれました。

「みんなに助けてもらえたから何とか任期を終えることができた。本当にありがとう……」そんな気持ちでした。最後に皆が口々に言っていたのは「このメンバーで一年間やってきてよかったね」という言葉でした。

フォローに対しても常に感謝を

専業主婦でも、小さなお子さんがいる場合や、ご両親の介護をしている場合は、体力的にも大変な毎日でしょう。また、保育園には給食がありますが、幼稚園に通わせる場合には毎日のお弁当作りがあります。仕事はもちろん大変ではありますが、仕事には始業と終業があります。

一方で、家事や育児はエンドレスです。それに、仕事の相手は話が通じる大人であることがほとんどですが、小さな子供は「ちょっと待ってね！」を理解してもらうことが難しい場面も多々あります。自分が立てた予定通りにならないことも日常茶飯事でしょう。そばで可愛い我が子の成長を見守ることも大きな喜びではありますが、子供が小さいうちは目を離すことができません。

大袈裟な話ではなく、トイレで用を足すことさえ落ち着かないこともありました。「10分でもいいから、誰にも邪魔されずにゆっくりコーヒーが飲みたい……」。そんなことを切実に話していた専業主婦のママ友達もいました。

つまり、仕事をもっているママも、専業主婦のママも、忙しい毎日を過ごしていることは同じだということです。

やっていることの内容が違うだけで、みんな一生懸命やっている。子供が小学校に通いはじめたことでいろいろなお母さまに出会い、私はそのことに気づかせてもらいました。

ときどき、仕事を理由に1年間に一度も出席しない保護者がいると耳にします。このような話が聞こえてくるということは、周囲に不公平感が募っている証拠です。

確かに、やむを得ない事情もあったかもしれません。しかし、「大変なのは自分だけではない」という大前提を理解した振舞いかどうかで、周囲への印象も大きく変わるものです。その理解があれば、自ずと自分の仕事を他の誰かがやってくれたことに対する感謝の気持ちが溢れてくると思います。

「いつも助けてもらってばかりで、すみません」というお詫びの言葉も出てくるのではないでしょうか。周りを優しい人にするかどうかは、すべて自分次第なのだと思います。

私も、いつも周囲に助けてもらうことばかりです。だからこそ、せめて「感謝の気持ち」をもち続けたいと思っています。そして、「ありがとう」の言葉、「迷惑かけてすみません！」の言葉も忘れずに伝えられる人でいたいと思っています。

Chapter 4

第４章

本当に大切なことは何なのか

他人に期待してはいけない まずは自分が変わることが第一歩

「ありがとう」は「魔法の言葉」

「ありがとう」という言葉は、「魔法の言葉、奇跡の言葉、よい波動を起こす言葉」とされていますね。その通りだと思います。わたし自身も「ありがとう、すみません、ごめんなさい」という言葉の素晴らしさをお伝えしたく、この本を書いてきました。

「『ありがとう』って魔法の言葉だよね」。今から10年以上前に、当時の同僚だった客室乗務員仲間がこう呟いたことを覚えています。

しかし、その言葉は、自ら発する「ありがとう」が魔法の言葉だという意味ではなく、お客さまからの「ありがとう」のもつパワーについての呟きでした。

客室乗務員をはじめとする接客従事者は、お客さまに「ありがとうございました」「申し訳ございません」という言葉を伝える場面がとても多いです。
わたしの記憶の中でも、お客さまとの会話の中で、もっとも多く使われたフレーズがこの2つです。「ありがとうございます」と感謝の気持ちをお伝えする場面だけならよいのですが、接客という仕事には「申し訳ございません」とお詫びをしなければならない場面もたくさんあります。

もちろん、何度お詫びしても、お許しいただけないこともありました。
「どうすればお許しいただけるだろうか」と考え、言葉と行動を駆使してお客さまに向き合うことは、エネルギーを必要とします。しかし、それでも、私は、客室乗務員の仕事が大好きでした。

それはなぜだと思いますか？

私を仕事に夢中にさせたもの、それは、お客さまからいただく「魔法の言葉＝ありがとう」でした。お客さまからの「ありがとう」は、それまでの苦労を一気に吹き飛ばしてくれるほどのパワーをもっていました。また、「この仕事をしていて本当によかった」という、喜びをかみしめる瞬間でもありました。胸が熱くなるような幸せを与えてくれたのは、お客さまの笑顔や「ありがとう」という言葉と気持ちにほかなりません。

この言葉がどれほどのパワーをもち、人を幸せにし、元気を与えるのかということを、私はお客さまから教えていただきました。先に述べた同僚の「『ありがとう』って魔法の言葉だよね」という呟きは、まさにこのことを表したものなのです。

「自己の欲求」を満たすのは間違い

しかし、ここで1つ気をつけなければならないことがあります。

「『ありがとう』を期待する心」です。そのような動機で行動している人は、押しつけがましい印象や、自己承認欲求の強い人という印象を植えつけてしまいます。「誰かの役に立ちたい、誰かを幸せにしたい」という想い自体は素晴らしいことだと思います。

しかし、それが「ありがとう」と言われることを期待し、強要するものになってしまうとどうでしょうか。「『ありがとう』と言われたい」「お礼をされて当然だ」という気持ちは、「誰か」を幸せにしたいのではなく、「自己の欲求」を満たしたい、つまり、自分の欲求を優先させる利己的な気持ちになってしまいます。

たとえ、相手がその厚意を受け取ってくれなくても、感謝などしてくれなくても、それに一喜一憂することなく、相手を想うこと。

そのような、見返りを求めない行動こそが、相手の心に深く響くのです。とはいえ、もちろん、すべての人に響くかどうかはわかりません。それは、感受性も価値観も人それぞれだからです。

しかし、そんなときこそ、「自分の在り方」が問われるのだと思います。相手の感情や行動をコントロールすることに注目し、期待することを選ぶのか、それとも他人がどうであれ、自分が「人」とどう向き合っていくのか。この自問自答こそが大切なのです。

「申し訳ございません、すみません」と相手に伝えるときも同じですね。
上下関係がはっきりしている間柄ならともかく、そうではない相手に謝罪をするときは「謝ったのだから許してくれて当たり前」という感情が働きがちです。また、「なぜ私が、先に謝らなければいけないの？　あなたにも悪いところはあったでしょ？」と思うこともあるかもしれません。

先ほども書いたように、他人に期待することは「自分のコントロール下に置きたい」という欲求です。
つまりそれは、心から自分の過失をお詫びしているとはいえないのです。お詫びをしたときに、その謝罪を受け入れ許してくれるのか、謝罪を受け入れないのかは、「相手が決めること」だと私は思います。

よいことをしたのに、「ありがとう」と言ってもらえなかった。素直に謝罪したのに、許してもらえなかった。それは仕方のないことです。世の中には、さまざまな人がいて同じ価値観を共有できないことは、たくさんあるのです。

自分の過ちに気づき、素直に謝る

けれども、もしあなたが「ありがとう」と言われて嬉しかった経験があるならば、惜しむことなく「魔法の言葉＝ありがとう」をまき散らして欲しいと思います。

「ありがとう」の言葉は、言葉を発する側も言われる側も共に幸せを感じることができる言葉です。そして、その幸せは、決して小さなものではなく、人に元気や勇気を与え、心を揺さぶるほどのパワーをもっているということを、忘れずにいて欲しいと思います。

また、素直な謝罪は、争いや対立を減らしてくれるものです。つまらない意地やプライドは決して何も生み出しません。

トラブルになってしまったと思ったら、まずは自分の行動を振り返り、反省すべきところがあればそれについて謝罪する。冷静に判断して自分には非がないと思った場合、無理に謝罪する必要はないかもしれません。

しかし、事故のような場合を除いては、やはりトラブルになるには何かしらの原因がお互いにあったのだと思うのです。「伝えたけれども、わかりにくい説明だった」「言い方がきつかった」「誤解を与えるような言動があった」などがその例です。

完璧な人間などいるはずがありません。守ることに価値のあるプライドならいいですが、自分のみならず、誰も幸せにしないプライドなど、捨ててしまう方がいいのではないでしょうか。相手がどうであるかは関係ないのです。自分の過ちに気づき、それを素直に謝罪できるかどうかということが大切なのです。

まずは、「ありがとう」の言葉も「すみません」の言葉も、自らが発してみることです。仮に相手が期待通りの行動を取らないとしても、「自分はどう在りたいのか」という意識を自分に向けてみてください。

「ありがとう」と「すみません」という、2つの言葉のもつ力はとても大きなものです。その影響力は、人生を幸せな方向へと導いてくれるのは間違いありません。

しかし、「幸せになりたいから使う」という利己的な欲求で発していると、幸せは遠ざかっていくような気がします。

目の前にいる人に真摯に向き合い、そして、自分ともしっかりと向き合えたときにこそ、幸せを感じる瞬間は、すぐそばにあると私は思います。

感謝と謝罪の言葉は言っても減るものじゃない

クレームで自分が気づいたこと

日本人のお客さまの中に「客室乗務員は、日本人旅客よりも、外国人旅客をひいきしているのではないか」というご感想をもった方がいらっしゃいました。どのような経路で、私の耳に入ったのかさえ覚えていないくらい遠い昔の話です。

しかし、この話を聞いたときの、率直な感想は今でも覚えています。「そんなことある訳がない！　むしろ、きめ細かな対応を望まれる日本人のお客さまの方に、私は細心の注意を払って対応しているのに……」。このように感じ、その話を強く否定する自分がいました。

しかし、そう感じたあとに、「なぜ、そのお客さまは、そのようにお感じになったのだろうか」と考えてみることにしたのです。と、同時に自分自身のお客さまへの日頃の対応を、振り返ってみる機会にしました。

「国籍に関係なく、すべてのお客さまを大切にしたい」

その想いは、ブレることなくずっともち続けていましたが、もしかすると、自分でも気づいていない対応の違いがあったかもしれないと思ったのです。

日本人のお客さまは、きめ細かな対応を望まれる方が多いです。サービスに対する評価も厳しい目をおもちです。それゆえに、私は自分なりのベストを尽くすべく、『細心の注意を払った対応』を心がけていました。

では、私は、外国人のお客さまへはどのような対応をしていたのでしょうか。「日本を代表する航空会社のきめ細かいサービスを堪能していただきたい」という気持ちで、日本人のお客さまと向き合うときと同様に、快適なサービスを提供したいという、強い想いがありました。しかし、ひとつだけ違いに気づいてしまったのです。

外国人のお客さまの対応をするとき、私は「いい意味」で、緊張することが少なかったのです。つまり、日本人のお客さまと向き合うときは、「失敗は許されない。完璧でなければならない」と自らを追い込んでいたのかもしれません。

先ほども「細心の注意を払っていた」と書いているように「怒らせてはいけない」という怖さもあったのかもしれません。

しかしながら、記憶をたどってみると、日本人のお客さまから、涙が出そうになるほど温かい言葉をかけていただいたことも何度もあります。そして、外国人のお客さまから「会社にお前のサービスについてクレームするぞ！」と言われたこともあります。

このように、どちらのお客さまもお怒りになることはありますし、お優しい方がいるのも共通です。しかし、私はやはり、日本人のお客さまへのサービスよりも外国人のお客さまへの接客時の方が、リラックスして臨んでいたことが多かったのです。

日本と外国の文化の違い

私をリラックスさせていたものは何だと思いますか？

その1つとして考えられるのは、外国人のお客さまが必ず私たち客室乗務員に言ってくださる「Thank you.」です。どんな些細なことにも「Thank you.」。しかも、目を見てニコッと笑顔を添えられたら、やはり嬉しいものです。お礼の言葉を期待してサービスをしているわけではないものの、我々も血の通った人間です。

自分に目を向け、「ありがとう！」と言っていただけるのは、紛れもなく嬉しいことですし、そのような会話を重ねることで、何か小さな信頼関係が生まれる感覚がありました。

そして、それがひいては安心感をもって接客できる雰囲気づくりにひと役買っていたのだと思います。

また、このような視点もあります。私たち客室乗務員の「貢献したい欲求」をスマートな形で満たしてくださっていたのが、外国人のお客さまの「Thank you.」だったという見方もできるでしょう。

外国人のお客さまだけをひいきしているつもりなど、毛頭ありませんでしたが、やはり、「Thank you.」「ありがとう！」という言葉は魔法の言葉です。顕在意識では、すべてのお客さまに平等に対応しているつもりでも、魔法にかかっていたのかもしれませんね。

毎回、感謝の言葉を返してくださる外国人のお客さまには、「細心の注意を払った緊張感ある対応」ではなく、「楽しさや喜びが前面に溢れた対応」をしていた可能性は否めません。その様子をご覧になった日本人のお客さまが「外国人だけひいきしている！」とお感じになったことも、今となっては理解できる気がします。

「ありがとうの文化」が定着している外国人のお客さまにとっては、サービスを受けたら「Thank you.」と返すことは特別なことではないかもしれません。しかし、このひと言が聞けるというのは、素直に嬉しいことでした。

少し話が逸れますが、「海外の文化」という共通点という意味で、このエピソードも付け加えさせてください。お客さまの搭乗中、「おはようございます」「ご利用ありがとうございます」と、私がたくさんのお客さまに声をかけていたときの話です。

その様子をご覧になっていた一人の外国人のお客さまが、私にこんな質問をしてきたのです。「なぜ、君が『おはようございます』と声をかけても、誰ひとりとして挨拶を返してくれないのか？」と。

私としては、珍しくもないいつもの光景という認識でしたが、その外国人のお客さまの目には奇異に映ったのでしょう。確か私はそのとき、「日本人のお客さまはシャイな方が多いのですよ」とお返事をしたように記憶しています。

たった「ひと言」が言える人の差

以上の話は「文化の違い」という位置づけで解釈していただければと思います。

それに、もちろん日本人のお客さまの中にも、我々客室乗務員に対して「ありがとう」や「ワガママ言ってごめんね！」というような言葉をかけてくださる方もたくさんいらっしゃいました。

そのようなお客さまはやはり、「サービスの受け上手」だったと思います。そして、このお客さまのように、他人に対して躊躇《ためら》いなく「ありがとうございます」「どうも、すみません！」と言える方は、我々だけでなく、周囲のお客さまともいつの間にか仲良くなっていた場面も何度も目にしました。

「ありがとう」と「すみません」という言葉を、状況に応じてうまく使い分けていらっしゃる方は、自らのコミュニケーションスキルによって、ご自分の快適な空間を作ることがお上手なのです。

相手を幸せにできる言葉や、人間関係を良好にすることができる言葉を、実は私たちはすでに知っていました。

しかし、知識として知っていても、使わなければ何の価値もありません。それに、言葉は使って減るものでもありません。むしろ、「減る」のではなく信頼関係や、快適な空間を「生み出す」ものなのです。

日常生活や仕事をするうえで、「ありがとう」や「すみません」「ごめんなさい」を言う習慣がないのならば、ぜひこうした言葉を伝える習慣をもっていただきたいです。もし、何かしらのプライドで、伝えることを躊躇《ちゅうちょ》しているならば、ぜひ素直になっていただきたいと思います。

ひいては、それがあなた自身の幸せにつながるのです。ぜひそのことをご理解いただければ幸いです。

人間は唯一言葉を使える動物どう使うかは「あなたしだい」

言葉は「品性」を表す

人間は言葉を「読む、書く、話す、聞く」ことができる唯一の動物です。しかし、これらの能力をどのように使うのかによって、得られる結果は大きく違ってくるのではないかと思います。

「口先だけならば何とでも言える。信頼できるか否かは行動がすべて」ともいいますが、私は「何をどのように語るのか」ということも含めて「その人の行動」ではないかと思っています。

最近特に思うことですが、著名人が罪を犯したとき、匿名であるのをいいことにネット上で感情に任せて口汚く罵《ののし》る人があとを絶ちません。罪を犯したことを擁護するつもりはありませんが、匿名で好き勝手に言葉の暴力をふりかざす人を見ていると、とても残念な気持ちになります。またそれは、自分は安全な立場にいて石を投げる、いわばアンフェアな行動だと思います。

たとえ非難の言葉であったとしても、大人として慎むべき限度があるはずです。そのような状況での感情は、「怒り、失望、軽蔑」がほとんどなので、つい言葉が過ぎることはあるのかもしれません。もちろん私も、凶悪事件を起こした人にはとても強い怒りを覚えるのも事実です。

しかし、どのようなときであろうとも、他人が見て不愉快になるような言葉を使わずに、自分が抱いた感情をうまく伝えることのできる人を見ると、その人に品性を感じるのです。

つまり、伝えたい気持ちや内容は同じでも、「どのような言葉を使って伝えるか」ということは、「その人のもつ品性ある行動」として、周囲から評価されるものに繋がっていくのではないでしょうか。コミュニケーションに悩む多くの人は、そのような人の言葉にこそ耳を傾けるのだと思います。

そう考えれば、人間だけに与えられた言葉というコミュニケーションツールをどのように使うのかということは、「自分の人生を豊かにする」という視点から見ても、とても大切なことだと思うのです。

しかし、不思議なことに、言葉を自由に操れない赤ん坊や動物たちともコミュニケーションが取れた経験はありませんか？　通じ合えるものがあるとでもいいましょうか、言葉がなくても信頼関係が生まれるのも珍しいことではないですよね。

彼らとは、言葉によって傷つけてしまうことも、傷つけられることもありません。言葉はなくても良好な関係が保てているという現実を見ると、「言葉のもつ役割とは何だろう」と改めて考えさせられます。

結局のところ、「言葉が通じない」という前提に基づく、「それでも相手のことを理解したい」という愛情こそがすべてではないでしょうか。言葉を当たり前のように使える日常が、「言葉の価値」を麻痺させてしまっているのかもしれないと、私自身も感じている今日この頃です。

どうすれば正しく伝わるのか

人間関係に悩む人から、「相手にはどうせ言ってもわかってもらえない」と聞くことがあります。伝えることに挑戦したにもかかわらず、改善が見られなかったことで悲しみに暮れていたのかもしれません。

しかし、「言ってもわからなければ、言わなければもっとわからない」と私は思うのです。伝え続けることを諦めて欲しくはないと思います。

そして、そんなときには「使う言葉を変えてみる。伝え方を変えてみる」ということを考えてみて欲しいのです。

この本では、「ありがとう」と「すみません」という2つの言葉を題材にしています。「すみません」の言葉にも謝意が含まれることもありますが、言われる方からすると「ありがとう」の方がより嬉しく感じるものだとお伝えしてきました。それと同じように、「伝えたい気持ち」が「正確に伝わること」を目指して欲しいのです。

私にも経験がありますが、人間関係がうまくいかないときというのは、自分の主張が先行し、相手への敬意や感謝を忘れがちになっているときです。

それを忘れてつい感情的になり、「自分がいかに大変な目にあっているか」「どれほど辛かったか」「何を不快に感じているのか」で頭がいっぱいになっているのです。そして、その怒りや悲しみを「本当に伝えたい気持ち」だと思い込み、相手にぶつけてしまう。

当然のことながら、それではうまくいくはずがありません。なぜならば、相手には相手の事情や価値観があるからです。

さらに、こちらとしては自分の本当の気持ちを伝えているつもりでも、相手にとっては「責められている、非難されている」というようにしか聞こえないのです。

結局のところ、人間関係の悩みは「お互いを理解し合えないこと」に尽きると思います。

しかし、裏を返せば「本当は理解し合いたい」という想いを、誰もがもっているからだと思うのです。「相手に本当に伝えたい気持ち」というのは「わかり合いたい」ということではないのでしょうか。

しかし、もつれればもつれるほどに素直に気持ちを伝えることは難しくなってしまいます。だからこそ、私は、短い言葉で伝えられる相手への感謝の言葉、「ありがとう」と素直な謝罪の言葉、「すみません」を、日頃から欠かさないことをおすすめしたいのです。


「ありがとう」と「すみません」という言葉は、よい人間関係を築く第一歩であると同時に、それがすべてだと言っても過言ではないほどの、大きな意味をもつ言葉だと思うのです。

言葉というものは人を救いもすれば、逆に暴力にもなると言いますよね。人間だけに与えられた言葉のもつ力。

価値のある人間の宝として使うのか、それとも相手を傷つける刃にするのか。それはあなたしだいです。

「自分らしさ」と「自分勝手」はまったく違う

トラブルのほとんどは2つの言葉で解決する

些細なトラブルから結果的に悲しい事件に発展したニュースを見るたびに心が痛みます。特に公共の場所でのマナーに関するトラブルは、「すみません」「ありがとう」という言葉さえあれば、ほとんどのケースが回避できることであるような気がします。

この本の企画を頂いたとき、これまでの経験の中にある「ありがとう」と「すみません」にまつわるエピソードが頭の中を駆け巡りました。客室乗務員として得た経験を役立てたいという想いと同時に、「悲しい事件を回避したい」という強い想いがありました。

「電車内でのマナーの悪さを注意された」
「肩がぶつかったのに無視された」

最近では、タバコのポイ捨てを小学生から注意された高齢者が、その子の首を絞めるなど、信じられないような事件まで起きています。

マナー違反を注意されたとき、「すみません」と言えば済むことです。誰かにぶつかってしまったときも「すみません」のひと言で大きなトラブルにならずに済むことがほとんどではないでしょうか。

また、ぶつかってきた相手から「すみません」のひと言がなかったからといって、それに腹を立てて相手を叩きのめすようなことをするのも馬鹿げていると思います。確かに、私も電車内で足を踏まれたにもかかわらず、相手が知らんぷりをすると、内心穏やかではありません。しかし、だからといってそれを大きなトラブルに発展させる気もありません。

残念なことではありますが、先ほどのポイ捨ての事例にもあるように、「注意をする相手によっては何をされるかわからない」という怖さがあるからです。守るべきものが傷つけられたなら別ですが、たかが足を踏まれたくらいでは、そのような危険に自分の身をさらすことは控えた方が賢明であると考えるようになりました。

しかし、私にとっては「たかがと思うこと」であっても、人によって「たかが」と感じることは違います。それは絶対に許さないとばかりに反撃を加え、トラブルになっているニュースを見ても明らかですね。

ほんの少しの歩み寄り・ほんの少しの心遣い

あるフライトでこんなことがありました。乗務員呼び出しボタンが鳴り、年配の女性のお客さまの席にうかがいました。

すると、「リクライニングをしたら、後ろに座っている若者が怒鳴って座席の背を蹴ってきた。倒したらいけないのか。怖くて仕方ない」ということでした。後ろに座っている若い男性を見ると、目はキッと前を睨みつけています。

事実確認をするために、その血の気の多い雰囲気を醸し出している若いお客さまに声をかけました。すると「蹴り返したよ。ふざけんな、ババアって言って」とのこと……。

思わず、「お客さま、『ふざけんな、ババア』はないですよね……」という言葉が出ました。しかし、彼の話をよく聞いてみると、彼はテーブルを出してそこに突っ伏す形で寝ていたそうです。そんな中、前に座っていた女性がいきなりフルリクライニングをしてきたそうです。勢いよく倒れてきた座席の背と頭がぶつかったのかもしれません。

彼の取った行動は決して褒められたものではありませんが、腹が立った気持ちもわからなくもありません。「ひと声かけて欲しかったですね……」。思わずそう呟いたことも覚えています。

実は、このようなリクライニングによるトラブルは少なくないのです。客室乗務員としては、どちらが悪い正しいというジャッジは致しません。どちらのお客さまにも「ご協力」という形でお願いをするまでです。

前にお座りの年配女性には、ご不便をかけたことに対するお詫びをしたあとで、「恐怖心を煽《あお》るような行動は慎むように彼に伝えたこと」「次回リクライニングをする際には、後ろに座っている彼にひと声かけていただきたいということ」をお伝えしました。

後ろに座っている彼には、お休みだったにもかかわらず、飛行機の構造上、リクライニングに関して不愉快な思いをさせてしまったことに対するお詫び。そして、「次回からはひと声かけてリクライニングをしていただくようにと女性に伝えたこと」「決して座席を蹴らないこと、暴言を吐かないこと」についてお願いをしました。

余談ではありますが、リクライニングのトラブルで、あるお客さまから「倒せるしくみになっている以上、倒せる範囲まで倒していい権利がある」と言われたことがあります。確かに一理あります。

「トラブルにならない範囲で座席を設計して欲しいのに」と私も心底思ったことがありますので（笑）。

お客さまの価値観は十人十色。すべてのお客さまのご要望にお応えできないことが本当に心苦しく、公共交通機関で働くものとして考えさせられることも多かったです。

機内秩序を維持することは、サービス要員としての役目だけではなく、保安要員としての重要な役目でもありした。客室乗務員を卒業した私に今できることは何だろうと考えたとき、できることは小さなことでした。

それは「自らが公共の場所での振舞いに気をつけること」「助けを必要とする人に手を差し伸べること」、そして、「ありがとう」と「すみません」が言える人になるということでした。

ただでさえ人生は試練の連続です。せめて、起こさなくてもよいトラブルは回避したいものです。周りにいる人に自分の権利ばかりを主張するよりも、ほんの少しの歩み寄り、ほんの少しの心遣いでお互いにとって快適な環境になると思います。

「自分らしさ」と「自分勝手」はまったく別のものです。私たちは同じ人間同士として支え合って生きているのですから。

そうした気持ちで社会の一員として生きていくスタンスをもつ人が増えれば、涙よりも笑顔が多い世の中になるような気がします。

自分のためにではなく「誰かのため」に生きる尊さ

客室乗務員の根本は「〇〇のために」

客室乗務員になる人は「貢献したい欲求」が強い傾向があるように思います。接客のプロとしてよいサービスをしたいということだけでなく、お客さまの「困った！」に対して「何とかして解決したい！」という気持ちをもっています。

客室乗務員というだけで、「プライドが高くて自慢が多く好きになれない」という人もいるかもしれません。そのようなイメージをもたれてしまう言動が何らかの理由であったとすれば反省すべきことですが、実は、ほとんどの客室乗務員は情が深くて熱い人が多いような気がします。

例えば、お客さまが「どこかでイヤリングをなくしてしまった」とおっしゃれば、床に這いつくばって捜索することは日常茶飯事です。

ゴミ箱をひっくり返してゴミと格闘しながら捜索することもあります。「なんとしても見つけ出したい」、そして、「ありましたよ！」と言ってイヤリングをおもちしたときの、お客さまの安堵の表情が見たいのです。

当然のことながら、ゴミと格闘することは嬉しいことではありません。しかし、それを上回る「誰かの役に立ちたい」という気持ちがあるのです。

「○○のために」というと「それは偽善だ」と言う人もいます。しかし、私は、それの何がいけないのかと、疑問に感じていた時期がありました。

偽善は「偽の善」と書きますので、それは「偽」なのかもしれません。しかし、「偽」であろうとなかろうと、行動しないよりはいいのではないか、否定される理由がわからない、そのように思っていたのです。

しかし、最近はこのように思います。「○○のために」という動機で行動したとき、その結果を他人のせいにしてはならないと解釈するようになりました。つまり、「○○のために自分が犠牲になっている」「○○のためにしてあげたのに」という考えでは、押し付けになってしまいます。

そうではなく、「すべては自分が選択した行動」だと自覚することが大切だと思うようになりました。「○○のために」と想っての行動は、相手が喜んでくれようとなかろうと関係ないということです。なぜならば、それは自らが望んでした行動だからです。

また、いくらこちらがよかれと思ってしたことでも、相手にとっては余計なお世話になっていることがあるかもしれません。特に「アドバイス」については注意が必要です。人間は知っていることがあると、つい教えたくなってしまうものです。

しかし、相手が解決策を求めているのか、ただ話を聞いて欲しいのか、はたまた共感を求めているのかなど、「何を求めているのか」ということを、しっかりと見定める必要があるのも事実だと思います。

つまり、「アドバイスをしたい！　教えたい！」という欲求は、「相手のために」を装った自己満足なのです。それは「貢献」とは全く違うのです。

「相手のために」を偽善だと批判する人もいれば、一方では「自分を大切にする」を批判する人もいます。世の中には、実にさまざまな意見や価値観があるものです。

「自分を大切にする」と書くと「自分だけが幸せならいいのか！」と目くじらを立てる人もいらっしゃるようですが、そうではありません。おわかりいただけますよね？

「やり甲斐＝ご褒美」

先ほど、「自覚することが大切だ」と書きました。その言葉に集約されているように、「自分はどうしたいのか？」という想いがすべての軸になるのだと思います。「自分を大切にする」ということは、自分の想いに従うということです。

元客室乗務員の私の場合、「誰かの役に立つ＝自分の喜び」でした。よって、結果的には、「目の前の人を大切のすること＝自分を大切にすること」という構図ができ上がることになります。

人それぞれ、自分が大切にしているものや自分が満たされる欲求は違います。それゆえに、私の構図がすべての人にあてはまるわけではないかもしれません。決して無理強いすることはできませんが、私の経験上、仕事においてもプライベートにおいても、「誰かの役に立つ」ということが、やり甲斐や自分の喜びとなって返ってきたことは事実です。

ときどき、「仕事にやり甲斐がない」という声や、「社員にやり甲斐を与えたい」という言葉を聞きます。そのたびに、「やり甲斐はどこかに落ちているものでもなければ、与えてもらうものでもない」のではないかと思うのです。

やり甲斐とは、「目の前にいる人に何ができるのか」ということを追い続けた人だけに与えられる、「ご褒美」のようなものだと私は思っています。

「どうすればお役に立てるのか」「どのようにすれば快適にお過ごしいただけるか」と頭を使い、汗をかいて行動し、試行錯誤する。

そして、失敗すればお詫びをし、ご理解いただけずとも諦めず、ただただ、「どのようにすれば？」と考え続ける。このような地道な努力をコツコツと続けるのです。

そのようなプロセスがあってはじめて、その姿勢に共感してくださったお客さまから「お陰さまで快適なフライトだったよ。ありがとう」という声を聞くことができるのです。やり続けた人だけが、お客さまからの「ありがとう」「担当がキミでよかった」という最高のご褒美をもらうことができるのだと思います。

また、そのような言葉でなくとも、機内でゆっくりお過ごしになっている姿や、ご家族連れの楽しそうなご様子を見ることができること、それらすべてが「やり甲斐」だと私は感じていました。その時間は仕事ができる喜びをかみしめる幸せな時間でした。

そして、やり甲斐という幸せを得るために忘れてはならないことがまだあります。これが最も大切なことかもしれません。

本当の幸せは「気づける人」に訪れる

「どうすれば誰かの役に立てるのか」と考えることができるのは、仕事でいえばお客さまがいてくださるからです。プライベートでいえば、自分のそばに誰かがいてくれるからです。綺麗ごとに聞こえるかもしれませんが、自分ひとりではこのようなやり甲斐や喜びを感じることはできないということです。

本当の幸せは、誰かにもらえる「ありがとう」のその前に、今ある環境が「ありがたい」ということに、気づける人に訪れるものだと思います。

そうはいっても、毎日仕事や家事は忙しく大変なものかもしれません。しかし、「今、あるもの」や「今、いる人」に感謝できる人で在りたいものですね。

人は支え合って生きています。それを日々意識することで、「お陰様」「こちらこそ」という気持ちも出てきます。「ありがとう」「すみません」「お陰様」「こちらこそ」……。

これらの言葉はきっとあなたの人生をより豊かにしてくれるはずです。なぜならば、自分を大切にするのと同様に、自分にかかわる人にも「敬意」を表せる人は、とても魅力的だからです。

魅力的な人には魅力的な人が集まってきます。一度きりの人生ならば、私は魅力的な人たちに囲まれて生きていきたいと思います。そのために自分ができることを、毎日コツコツと続けたいと思っています。

そのためにも、私は「ありがとう」と「すみません」という、一見なんでもないこの2つの言葉がもつ偉大な力を肝に銘じて生きていこうと、改めて思いました。

そしてこの想いに、ひとりでも多くの方に共感していただければ、これ以上幸せなことはありません。

COLUMN

浅はかだった私にお客さまがくれた「ありがとう」

忘れもしないフライト

忘れもしないそのフライトは、羽田発札幌行。時刻表で見ると1時間30分ほどの飛行時間に見えますが、実際には羽田―札幌間は1時間10分ほどしかフライトタイムがないのです。新人の頃の私は、決してサービススピードが速い方ではありませんでした。

それゆえに、座席数が多い後方席の担当になると「時間内にお飲み物サービスが終わるかな」という不安との闘いでした。

そして、その日のフライトは、私は後方客室席担当。満席でした。本来ならば満席はありがたいことです。しかし、私の心臓はドッキドキでした。そんな心境でいる中、さらに追加の情報が入ってきました。私が担当するエリアに、とある学校の生徒さんと付き添いの方の団体がお座りになるとのこと。

もう私の頭の中は、「通常よりも時間がかかるだろうな。時間内にサービスが終わらなかったらどうしよう」という気持ちでいっぱいです。さらに自分自身で不安を煽るかのように「仕事ができない子だと他の仲間に思われたら嫌だな」「ちゃんと時間内にバッチリ終わらせていいとこ見せなきゃ」。そんな気持ちが渦巻いていました。

そうこうしているうちに、お客さまの搭乗がはじまりました。ようやく全員が着席し、なんとか離陸まで順調に進んでいきました。搭乗中、特にトラブルもなく離陸できたことに少し安堵した私は、私の席の近くにお座りになっている付き添いの先生に話しかけてみたのです。

「札幌では何泊なさるのですか？」

するとと先生がお答えになりました。

「たった1泊です」

そして、続けてこうおっしゃいました。

「この旅行は、飛行機に乗ることがメインイベントなんです。昨年は、新幹線にチャレンジしました。だから今年は飛行機にチャレンジするために、みんなでいろいろな練習をしてこの日を迎えたんです」

頭をガツンと殴られたような気がしました。自分のことしか考えていなかった愚かな自分が、本当に恥ずかしかったです。

皆さんがどんな想いでこの日を迎えたのか、どれだけ楽しみにしてくれていたのか、先生方がどんな想いで生徒さんを見つめているか、親御さんがどんな気持ちで送り出したのか。「おもてなし」を約束している客室乗務員でありながら、お客さまへ馳せるべき想いが、「自己保身」というちっぽけなものに支配されていたことに気づきました。

先生の言葉に目が覚めた私は、機内の絵葉書をかき集めました。せめてもの記念になるものをお持ち帰りいただきたかったのです。

そして、「よろしければ記念として生徒さんに差し上げてください」と言って先生に絵葉書をお渡ししました。先生が生徒さんに絵葉書を配りはじめると、皆さんはとても嬉しそうにその絵葉書を見つめていました。

飲み物サービスがはじまり、ある生徒さんに「お飲み物は何になさいますか?」と伺うとお返事がありません。その代わりに、彼はガサゴソと自分のカバンの中から何かを探しはじめました。

一体どうしたというのだろう?　と不思議に思いながらも、しばらくその様子を見守っていました。すると、彼は「はい!」と言ってカバンの中から何かを出してくれました。差し出された彼の手のヒラを見ると、そこにはキャンディーがありました。彼は私のためにキャンディーを探してくれていたのです。きっと大切なオヤツに違いないのに……。

「絵葉書ありがとう」

彼はそう言ってキャンディーを差し出してくれました。しかし、涙が出そうで、私は頷くことしかできませんでした。私の方こそ「ありがとう」。そして「ごめんなさい」。皆さんにとって、大切な旅行だということに気づかず、自分のことばかり考えていたことを恥じました。

人との出会いは「一期一会」

飛行機には毎日たくさんのお客さまがいらっしゃいます。そのお客さまとの出会いは一期一会です。「目の前にいらっしゃるお客さまに、私は何ができるのか」ということを追いかけてきたつもりでした。

しかし、いつしか時間に追われ、そして、自分の評価を優先し、お客さまが飛行機をお乗りになるまでのストーリーに想いを馳せることを忘れていました。本当に申し訳ない気

持ち と恥ずかしさでいっぱいでした。

しかし、皆さんが私の担当エリアにきてくださったおかげで、忘れかけていた大切なことを思い出すことができたのです。これが、私が伝えたかった「ありがとう」です。

また、このフライトで得た大きな「気づき」がありました。今回の旅行が皆さんにとって、どのような意味をもつのかということは、先生にうかがってはじめて知り得たことでした。「先生に声をかけてよかった」。心からそう思いました。そして、このフライトを境に、私はお客さまとより多くの言葉を交わすようになったのです。

あるとき、真っ赤なバラの花束を抱えたご婦人が、私の担当エリアにお座りになりました。しかし、その鮮やかなバラの花束に似合わず、ご婦人の表情はこわばっていたのです。

その不自然さが気になりつつも、声をかけてよいのかどうか迷いました。とはいえ、やはり気になるのです。私にできることはないだろうかと思ったとき、「先生に声をかけたからこそ、お客さまのストーリーを知ることができた」という経験を思い出しました。その記憶に後押しされて、私は、そのご婦人にとって負担にならないよう、ひと言だけ「すごく綺麗なバラですね」と声をかけました。すると、一瞬驚いた顔をなさったものの、すぐに優しい表情を見せてくださいました。そして、その女性はひと言、

「目印なんです」

とおっしゃいました。目印……？　という表情をしている私に、そのご婦人はこう続けてくださいました。

「息子と30年ぶりに会うんです。お互いに会ってもわからないから……」
「だから、このバラの花束が目印なんです」

それを聞いたとき、私の中ですべてが繋がりました。期待と不安が入り混じった複雑な想いが、お客さまの表情を曇らせていたのだと。

どんな再会になるのかといろいろな思いを巡らせていらっしゃったに違いありません。

飛行機をお降りになるとき、「素敵な再会になりますように」と声をかけると、ご婦人は

笑顔を見せてくださいました。誰かに心の内を聞いてもらえたことで、少しでもそのご婦人の気持ちが楽になったとすれば、私も嬉しいことです。

客室乗務員として過ごした日々は、お客さまから本当にたくさんのことを教えていただきました。誰かの役に立てる喜びも、自分の至らなさを誠心誠意お詫びすることの大切さも、すべてお客さまが教えてくださったことです。

「一生懸命」しか取り柄のない私ではありますが、だからこそ、「ありがとう」と「ごめんなさい」、「すみません」や「申し訳ございません」の価値を誰よりも知っているつもりです。

これからもより多くの方に「感謝の心」と「心からのお詫び」の大切さを伝えていきたいと思っています。

おわりに

この本を書いていた約半年間は、自分の過去を振り返る時間だったような気がします。これまで出会ったお客さまや職場の仲間、また、私を支えてくれたたくさんの人々の顔を思い浮かべながら、こつこつと書き進めてきました。

はじめての本の執筆ということで、想像以上に時間も労力もかかりました。途方にくれたこともありましたが、今すべての執筆を終え、ホッと胸を撫《な》でおろしています。

自分の過ごしてきた時間を振り返る中で、いったいどれほど多くの「ありがとう」と「すみません」という言葉を交わしてきたことかと、改めて気づかされました。

その言葉を交わした数だけ、そこには必ず誰かがいて、感謝すべきことやお詫びすることがあったということになります。そして、私自身が、これらの言葉にいかに助けられ、救われてきたのかということを痛感しました。

こうして出版をすることができたのも、私ひとりの力では到底叶わなかったことです。そう考えると、これまでご縁のあった方々、ここまでご指導、ご支援いただいた皆さまには感謝の気持ちでいっぱいです。

私たちの知る日本語には、たくさんの素敵な言葉があります。しかし、「ありがとう」と「すみません」、この2つの言葉をなくしては、よい人間関係は望めないと切実に思います。

いくら大金を得ることができ、仕事で大きな功績があったとしても、人間関係の悩みがあるうちは、心から幸せを感じることは難しいと思うのです。感情をもっている私たち人間は、結局のところ、人との繋がりがあってこそ、心満たされる生き物なのではないでしょうか。

もちろん、生きていくうえでお金は必要なものであり、仕事で結果を出すことも素晴らしいことです。しかし、そうなったときに、心から一緒に喜んでくれる人がいないとしたら、それはとても淋しいことだと思います。

人にはそれぞれの価値観があるため、ときに意見の相違はあるものです。しかし、そのような摩擦は、「ありがとう」と「すみません」という言葉で減少し、多くの人がもつ人間関係の悩みを解決する糸口になると私は信じています。皆さんにも、たったひと言あるだけで、お互いに心が穏やかになったということは、きっと経験があると思います。

また、せっかく言葉を使うならば、その言葉を相手の状況や感情に合わせて使い分けることで、さらに相手に届きやすい言葉になるのも事実です。

受け取りやすい言葉は共感を呼び、あなたの想いに共感した人は、きっとあなたの応援者になってくれることでしょう。他者との共感は、信頼関係を深めるためには欠かせないことです。

そして、信頼という基盤があれば人間関係はうまくいきます。自分の想いに共感してくれる人たちが周りにいる人生とは、なんと心強く、このうえなく幸せなことでしょうか。

しかし、いくら伝えたい内容が正論でも、使う言葉や伝え方ひとつで、相手に与える印象は大きく違ってしまいます。

共感を呼ぶような愛のある言葉を使うのか、端々《はしばし》から高圧的なものを感じる言葉を選ぶのか、その選択によって得られる結果は大きく変わってきます。

なぜなら、その人の使う言葉によって醸し出される品格を、周囲の人々は自然と肌で感じてしまうからなのです。


やはり、「どの言葉を選び、どのように伝えるのか」という言葉の使い分けは大切です。言葉を磨くことで他人とうまく調和を図り、お互いに心地よい関係を築くことができれば、あなたの人生はより豊かなものになっていくと思います。


よく私は研修や講演でお伝えしていることですが、この本でお伝えしたことを知識として留めておくだけでは、状況は何も変わりません。知識が意識になり、行動に繋がって初めて意味を成します。

そして、その行動の積み重ねがいつしか習慣になったとき、きっと何かが変わりはじめるのだと思います。

まずはひと言、「ありがとう」や「すみません」と伝えてみること、いつもより表情に気をつけて伝えてみること、これまでよりも相手の状況をよく見て言葉を使い分けてみること、さらには相手の共感を得られるように具体的に伝えてみること。

取り入れやすい事例から、ぜひ日々の生活の中で試していただければと思います。

この本には、私の経験から得られた「ありがとう」と「すみません」にまつわるエピソードをすべて注ぎ込みました。

これまでのたくさんの失敗と創意工夫の集大成です。初の出版ということで試行錯誤しましたが、お手に取ってくださった方の新たな行動のきっかけになれば、こんなに嬉しいことはありません。

一度きりの人生です。そして、「言葉」は人間だけに与えられた財産です。自分の幸せのため、そして、ご縁があった人の幸せのために、出し惜しみすることなく愛のある言葉を使いたいものですね。

私自身も、この本の著者として恥ずかしくないように、これからも日々精進したいと思っています。

本書を読んでくださった皆さまにたくさんの幸せが訪れますように。

最後までお読みいただき、本当にありがとうございました。

【著者紹介】

七條千恵美（しちじょう　ちえみ）

株式会社 GLITTER STAGE 代表取締役

同志社大学卒業後、日本航空株式会社に入社。
お客さまから多くの賞賛をいただいた客室乗務員に贈られる
Dream Skyward 賞を受賞。さらには、その中でも際立った
影響力を持つとして Dream Skyward 優秀賞を受賞。
皇室チャーターフライトの選抜メンバーにも抜擢される。
2010 年より、客室教育訓練室サービス教官として 1000 人以上の
訓練生の指導にも従事。会社評価は最上級のＳ評価を受けるなど
CA としても教官としても数々の実績を残す。
現在は株式会社 GLITTER STAGE の代表取締役として
企業研修や人材育成など、さまざまなビジネスシーンで
強い牽引力と高いスキルを存分に発揮しながら活躍中。

メールアドレス：info@glitterstage.jp

人生を決める
「ありがとう」と「すみません」の使い分け

七條千恵美 著

2016年 6月 20日初版発行

編　集－原　康明
編集長－太田鉄平
発行者－梶本雄介
発行所－株式会社アルファポリス
〒150-6005 東京都渋谷区恵比寿4-20-3 恵比寿ｶﾞｰﾃﾞﾝﾌﾟﾚｲｽﾀﾜｰ5F
TEL 03-6277-1601（営業）03-6277-1602（編集）
URL http://www.alphapolis.co.jp/
発売元－株式会社星雲社
〒112-0012東京都文京区大塚3-21-10
TEL 03-3947-1021
装丁・中面デザイン－ansyyqdesign
印刷－図書印刷株式会社

価格はカバーに表示されてあります。
落丁乱丁の場合はアルファポリスまでご連絡ください。
送料は小社負担でお取り替えします。

ISBN 978-4-434-22057-9